| 図解入門ビジネス | Shuwasystem Business Guide Book | How-nual |

最新 FRBとマーケットの関係がよくわかる本

いかにして金融市場の中心となったか

脇田 栄一 著

秀和システム

●注意
(1) 本書は著者が独自に調査した結果を出版したものです。

(2) 本書は内容について万全を期して作成いたしましたが、万一、ご不審な点や誤り、記載漏れなどお気付きの点がありましたら、出版元まで書面にてご連絡ください。

(3) 本書の内容に関して運用した結果の影響については、上記(2)項にかかわらず責任を負いかねます。あらかじめご了承ください。

(4) 本書の全部または一部について、出版元から文書による承諾を得ずに複製することは禁じられています。

(5) 本書に記載されているホームページのアドレスなどは、予告なく変更されることがあります。

(6) 商標
本書に記載されている会社名、商品名などは一般に各社の商標または登録商標です。

はじめに

本書は、21世紀に入り、マーケットの中心的存在としてますます巨大となった米国の中央銀行にあたるFRBをテーマとしています。といっても、FRB自体を学ぶということではなく、あくまで「FRBの政策がマーケットをどう動かすのか」といったFRBマーケットの関係に焦点をあてた書籍になります。

マーケットの環境はめまぐるしい変化を遂げ、AIの活用やアルゴリズム取引の革新により、投資家の取り組みも日々進化していることを感じます。

ただしそのような中においても、普遍的な根幹知識というものがあり、本書ではその根幹知識を「FRB」と位置づけ、読者の方々がそれをより深く理解して日々の業務に役立てていただくことを目標にしています。

本書の序盤では、「近年におけるFRB政策の結果、マーケットがどう動いたのか」といった内容を主軸とし、チャート図を多用して解説しています。チャート図に政策背景を映し出すことで理解が容易になると考えたからです。

「FRBとマーケット」を考察するのであれば、実践では英文表記のものを観察しなくてはいけなくなりますが、向き合いにくい英文表記の「どこを見るのか?」といったところにポイントを置いています。

本書中盤では、そのFRBが目的としている「物価の安定」や「雇用の最大化」、そして近年、中央銀行の業務に不可欠となった「金融システムの安定化」を念頭に、政策判断の基となる経済指標などを解説しています。

経済指標は定番となっているもの、比較的新しいものや投資家を手助けするもの等に分類されますが、「どの指標をどのように位置付け、どう捉えるか」というのは人によって異なり、またそうあるべきだと考えます。そういう意味において本書では、著者自身が良いと思ったものを列挙しているにすぎません。あくまで皆さまのリテラシーによって、必要な部分のみ拾い上げていただければと思います。

終盤には、そのFRBが直面している喫緊の課題や、マーケットがFRBに求めているもの等、報道では伝わってこない概念的なものを強調した箇所もあります。FRBも様々な課題を抱えており、「彼らの言うことが常に正しいわけではない」ということを皆さまにわかっていただけたら、と強く思います。

その他、現FRBの軌跡、新しいアメリカの大統領と向き合うFRBの今後について、著者なりの見解を各所で述べています。FRBのプレゼンスは大きくなる一方で、それを無視することは難しい時代に突入する中、本書が創意工夫を凝らしている皆さまの手助けとなれば幸いです。

2025年3月　脇田 栄一

図解入門
How-nual

**図解入門ビジネス
最新FRBとマーケットの関係が
よくわかる本**
CONTENTS

はじめに ………………………………………………………………………… 3

第1章 マーケットのメインプレイヤーとなったFRB
－相場を読み解くうえで欠かせないアメリカの中央銀行－

1-1　米国の中央銀行であるFRBと金融政策決定会合である
　　　FOMC（連邦公開市場委員会）－その成り立ちと仕組み－……10

コラム　米国の金融政策を把握することで、
　　　　経済や投資へ関心がいっそう高まる ……………………………13

1-2　マーケットのメインプレイヤーとして
　　　注目されるようになったFRB …………………………………………14

1-3　FRBは「金融市場の安定化」という新しい実質的責務を担う …19

コラム　あっという間の15年間 …………………………………………… 20

1-4　FRBの第3の責務「金融市場の安定化」までの流れ……………21

1-5　マーケットの中心となった「量的緩和」という金融政策………25

CONTENTS

第2章 金融政策とマーケットの経路
－FRBの公開市場操作（OMO）とマーケットのメカニズム－

2-1 「金利政策」と「量的政策」に2分して議論される金融政策… 28

2-2 「利上げ」「利下げ」（金利政策） －その仕組み－……………… 30

2-3 「量的政策」アウトライトオペ……………………………………… 33

コラム 金融緩和による複数の波及経路……………………………… 38

2-4 「ヘリコプター・ベン」のQE1・QE-Lite・QE2と
マーケット………………………………………………………… 39

2-5 オペレーションツイストとマーケット………………………… 45

コラム 日米中銀が同じ緩和政策を発動しても異なる賃金上昇率 ····· 49

2-6 LSAPの最後のラウンド「QE3」……………………………… 50

第3章 FRBが基準とする指標

3-1 インフレ指標として採用されたPCEデフレーター …………… 56

コラム 中央銀行の「金融システムの安定化」といった実際の責務 ··· 60

3-2 「雇用の最大化」の捉え方① －雇用者数と失業率－………… 61

3-3 「雇用の最大化」の捉え方② －労働参加率と時給動向－ ···· 65

3-4 議長のカリスマ性が影響する「雇用の最大化」という見方···· 69

3-5 雇用形態別で見る景気の波…………………………………… 72

3-6 住宅市場と金融政策 …………………………………………… 74

図解入門
How-nual

第4章 マーケットが頼りにする経済の先行ツール

4-1 シカゴマーカンタイル（CME）の「FEDウォッチ」················ 78

4-2 米国の経済成長を予測するアトランタ連銀の「GDPナウ」··· 80

4-3 NY連銀の「Staff　Nowcast」····················· 83

コラム 「株価支援チーム」に関する議論···················· 85

4-4 5大地区における景気指数の平均値と金融政策··········· 86

コラム 金融政策決定会合前の、市場に安心感をもたらす
ツールの欠如 ···························· 88

第5章 FOMCの流れ

5-1 FOMC前の参考資料「ベージュブック」················· 90

5-2 FRB内での経済・政策分析とブラックアウトルール·········· 94

5-3 FOMC声明文とマーケット······················ 98

5-4 SEP（経済見通し）の見方とポイント················· 101

5-5 ドットプロットとマーケット、その捉え方················ 104

5-6 SEPの欠陥を補う「ティールブック（Tealbook）」開示··· 107

5-7 議長会見の影響力························· 110

コラム 金融政策決定までのプロセスは日米で大きく違う············ 112

6

CONTENTS

第6章 パウエルFRB

6-1 パウエルプットと「FRBの信認」……………………………………… 114

6-2 コロナパンデミック直前のパウエルFRB…………………………… 118

6-3 コロナパンデミック下における金融政策の波及ラグ………… 122

6-4 コロナパンデミック下のパウエルFRB ……………………………… 125

6-5 2021年の「ボトルネック・インフレ」に対する
FRBの対応は機能不全に…………………………………………… 133

6-6 2022年春先からの出遅れた利上げサイクル………………… 137

コラム 米政権とFRBの金融政策によってマーケットは変化する… 140

6-7 利上げサイクルと銀行破綻……………………………………………… 141

コラム より重要な中央銀行の政策判断…………………………………… 144

第7章 FRBと基軸通貨ドル

7-1 基軸通貨米ドルと為替レート………………………………………… 146

7-2 「ドル一極体制」に変化なしという現実………………………… 148

7-3 FRBはドルの守護神なのか？ …………………………………………… 151

7-4 強いドル高政策と背反する「為替報告書」
ードル安と貿易赤字の解消ー………………………………………… 154

コラム コロナと為替相場………………………………………………………… 158

7-5 FRBの金利コリドー政策とドル相場 ……………………………… 159

コラム 関税政策と各国のドル離れは「弱いドル政策」……………… 162

第8章 2次パウエルFRBと第2次トランプ政権

8-1 米大統領のFOMCに対する影響力 ……………………………… 164

8-2 関税政策の発動と撤回 ―インフレリスク― ……………… 167

コラム 日本が「失われた時間」を過ごしている大きな理由 ………… 171

8-3 大統領の減税・移民政策とFRBの計画的利下げ …………… 172

8-4 利上げリスクに直面する国民 …………………………………… 176

8-5 米大統領のFRBに対する権限強化 ………………………… 178

コラム 犠牲を伴う「リアルタイムのFRB研究」………………… 181

巻末資料（歴代FRB議長）…………………………………………… 184

索引 ……………………………………………………………………… 185

第 **1** 章

マーケットのメイン
プレイヤーとなったFRB

－相場を読み解くうえで欠かせないアメリカの中央銀行－

　日本でも2024年から新NISAがスタートし、投資ブームの到来というものを感じます。株式であれ債券であれ、または為替取引、その他コモディティ等、関わっている市場参加者は必ずといっていいほど「FRBが～」という文言を目にすることが多くなっているはずです。

　その米中央銀行にあたるFRBを中心としたマーケットの構造を描いていきたいと思います。

1-1

米国の中央銀行であるFRBと
金融政策決定会合である
FOMC（連邦公開市場委員会）
－その成り立ちと仕組み－

アメリカの中央銀行（中銀）の仕組みは連邦準備制度（FRS ＊）ですが、金融政策決定会合（FOMC）を開催するのはその制度の中核をなす連邦準備制度理事会（FRB ＊）です。ここに「FRB ＊」が米国の中央銀行の呼称として多く用いられている理由があると考えられます。

▶▶ FRBの成り立ち

アメリカの中央銀行の呼称である「FRB」は1913年、連邦準備法に基づき設立されました。これはイングランド銀行が設立された1694年、フランス銀行設立の1800年よりはるかに遅れていることになります。日本銀行設立も1882年でした。これはなぜなのでしょうか？

本来中央銀行は一国の金融政策をつかさどるものの、アメリカは本来、正式の国号である「the United States of America」からわかるように、「合州国」「州の連合体」なのです。「中央銀行が存在しなかったアメリカ」では、各州に所属しているといった意識が現在も根強く、例えばアメリカ人に「どこから来たのですか？」と問いかけると「America」ではなく「US」といった返事がきます。

各州ごとに独立した法律があり自治権も確立しており、連邦政府に委任していない権限は州に帰属するため、そのような側面が大きく

一国としての中央銀行設立の時期も他の経済大国から大きく遅れることになりました。筆者の知っている範囲ではありますが、現在においても **「州に属している」** と**いう意識が強い**のです。

＊ **FRS**　　Federal Reserve System の略。
＊ **FOMC**　Federal Open Market Committee の略。
＊ **FRB**　　Federal Reserve Board の略。

▶▶ アメリカの中央銀行は「FRB」で合っている？

　私たちがアメリカの中央銀行というとき、一般的には「FRB」ということが多いです。他国を見れば、フランス銀行、イングランド銀行、ドイツ連邦銀行（ブンデスバンク）、日本銀行とスッキリした名称なのですが、アメリカの場合は、先述のような「合州国」としての構造があることから、**正式には連邦準備制度（FRS）**と呼ぶことになります。

　具体的には、連邦準備制度（FRS）は、①連邦準備制度理事会（FRB）と、②各地区を担当する12の連邦準備銀行（地区連銀）から構成されています。その中で、金融政策を決定する会合を開催するのがFRBなので、①と②の組織は別々のものなのですが、一般的には区別されることなく米中央銀行として「FRB」と簡素に呼ばれています。

連邦準備制度を構成するFRBと12の連邦準備銀行

1-1　米国の中央銀行であるFRBと金融政策決定会合であるFOMC

▶▶ FOMCで金融政策を決定するまでの流れ

まず、①FRB（The Federal Reserve Board）は、米国の中央銀行制度の最高意思決定機関で、日本語では「連邦準備制度理事会」と呼ばれます。理事会は、大統領によって任命され、上院で承認された7名のメンバーで構成されています。

このFRBが②12地区の連邦準備銀行の総裁とともに金融政策決定会合（FOMCといいます）を開くことになります。よってFOMCの参加者は19名、ということになります。少々面倒なのですが、金融政策は投票権のあるメンバー12名で、決定されることになります。

内訳としては、FRBの全メンバー（7名）と、FRB同様、常に投票権をもっているニューヨーク連銀総裁（1名）、そして残りの11地区連銀総裁のうちその年の金融政策決定への投票権のある地区連銀総裁（4名）の計12名で、FOMCにて金融政策を決定することになります。

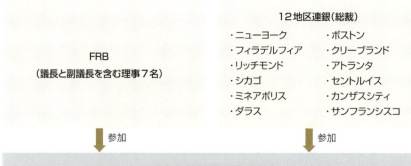

FRB＝The Federal Reserve Board（連邦準備制度理事会）
12地区連銀＝Federal Reserve Banks
FOMC＝Federal Open Market Committee（連邦公開市場委員会）

出典：著者作成

1-1 米国の中央銀行であるFRBと金融政策決定会合であるFOMC

繰り返しになりますが、米国の中央銀行といえば「FRB」と呼称されるのが一般的だといえます。しかし情報の媒体によっては「FED[*]」または「Fed」といわれることもあります。

FEDやFedは連邦準備制度「Federal Reserve System (FRS)」の冒頭ワード (Federal) を略したもので、FRSを指す非公式な言い方になります。

つまり、その連邦準備制度 (FRS) の中核をなすのは連邦準備制度理事会 (FRB) であり、FRBが金融政策決定会合 (FOMC) を開催する役割を果たしていることから、便宜上に**「アメリカの中央銀行はFRB」と呼称されるのが通例**となっています。

COLUMN 米国の金融政策を把握することで、経済や投資へ関心がいっそう高まる

2024年から日本でも新NISAが始まり、いままで資産運用に関心がなかった人の間でも「投資」という言葉が流行り始めました。

しかしその中心は日本株ではなく、海外株となっており、オールカントリーやS&P 500といった海外投資信託となっています。

日本株投資には「円安か円高か」といった為替の影響が大きく出ることから、国際金融情勢の中心である米国の金融政策が注目されることになりますが、海外株投資にしても米国株投資にしても結局のところ「FRBがどのような政策運営を行っているのか」という視点が重要になってきます。

FRBの歴代議長の政策や実績、または米国における金融政策の細かい仕組みなどは認識する必要はないかもしれません。

しかし米国の政策金利である「FFレート」が引き上げられたのか、または引き下げられたのか、いわゆる米国の「利上げ」「利下げ」をウォッチするだけで、翌日の為替レート（円高や円安）の要因が大まかながらも理解できるようになるでしょう。資産運用を行うのであれば、「FRBの動き」をキャッチするだけで、興味・関心がいっそう高まるように感じます。

[*] **FED** Federal Reserve System の略。

1-2
マーケットのメインプレイヤーとして注目されるようになったFRB

昨今、「株式投資」や「為替取引（FX）」などをやっているときに、「米FRB」という言葉を目にしない日はほとんどない、といっていいかもしれません。それほど、アメリカの中央銀行であるFRBはマーケットの中において、また経済の中心としての地位を確立してきました。

▶▶ なぜいま、FRBなのか？

　一般的に、市場の取引時間におけるメインプレイヤーとは企業や個人投資家、またはファンド等のことを指していますが、マーケットを動かす大きなプレイヤーといえば先進国中央銀行、その中でも最大の注目を集めるのが米FRBになります。

　たしかに、1990年代にはジョージ・ソロス氏率いるクォンタムファンドがイングランド銀行に対してポンドを徹底的に売り浴びせたことから、ソロス氏は「イングランド銀行を破綻させた男」として名を上げ、メインプレイヤーといえばヘッジファンドをイメージする市場関係者も多かったと思います。しかしながら、現在のメインプレイヤーはFRBであるといっても過言ではありません。業務的には債券市場のプレイヤーなのですが、その金利動向によって為替や資産は大きな影響を受けることになるのです。

▶▶ 2008年、バーナンキFRBが大規模資産買取り（LSAP）にかじを切る

　2008年のリーマンブラザーズの破綻を契機として世界金融危機（リーマンショック）が訪れた際に、当時、FRB議長であったベン・バーナンキ氏は政策金利をこれ以上下げ余地のないゼロにまで引き下げました。08年当時、低インフレ・雇用減退という経済状況がさらなる政策支援を求めていたため、バーナンキFRBは**従来の金融政策の柱である金利操作（利下げ）と同時に、非伝統的金融政策といわれた大規模資産買取り（LSAP＊）にかじを切る**ことになりました。

＊ **LSAP** Large-Scale Asset Purchaseの略。

1-2 マーケットのメインプレイヤーとして注目されるようになったFRB

それまで実施したことのなかった、公開市場操作（OMO）の適格担保である米国債やGSE＊債、モーゲージ担保証券（MBS＊）を可能な限り大量に買い入れたのです。

08年11月に決定されたこの政策は、市場に莫大な資金供給を行い、広範囲にわたって諸々の金利を引き下げることを意図したものでした。

これによって株式や為替レートその他、マーケットの値動きは大きくなりましたが、中央銀行によるこの強力な**資金供給（市場への流動性供給）に端を発する相場のことを「流動性相場」「金融相場」**と呼ぶこともあります。

▶▶ 確立された「量的緩和（LSAP/QE）＝バランスシート拡大＝株価上昇」といった構図

中央銀行（ここではFRB）が大量の資産を買い取るということ（LSAP）ですから、おのずとFRBのバランスシートは膨張し、市場への資金供給は莫大なものとなります。この流れの中で株式などのリスク資産価格が上昇する場面が、過去十数年で何度もありましたが、この仕組みは後述することにします。

ちなみに量的緩和政策のことを単に「QE＊」と呼ぶことがありますが、具体的にはGSE債やMBSなど多様な証券を含んだ量的緩和政策のことを大まかにLSAPと呼びます。

そして、そのLSAP（大規模資産買取り）の中にはいくつかのラウンドがありましたが、当然ながら、米国債の買取りを含んだものが中心でした。それら米国債の買取りを含んだ量的緩和政策を「QE」と呼ぶのがマーケットでは通例となっています。

リーマンショック以降、大規模資産買取り（LSAP）という長期にわたる政策があり、その中にQE1～QE3というラウンドがあった、というイメージです。

2020年のパウエルFRBの下で、一部でQE4と呼ばれる量的緩和政策がありましたが、それらも米国債の買取りが中心だったからです。

＊**GSE**　ファニーメイ、フレディマックといった政府支援企業のこと。

＊**MBS**　Mortgage-Backed Securitiesの略。不動産担保証券。

＊**QE**　Quantitative Easingの略。

1-2 マーケットのメインプレイヤーとして注目されるようになったFRB

ゼロ金利以下で発動したQEというバランスシート政策

　金利操作（利下げ）と同時にLSAP（大規模資産買取り）を発動した、と先述しましたが、下げ余地がなくなった水準（ゼロ金利）に到達したときに発動したのがQE1（2009年3月）になります。第14代FRB議長であるバーナンキがこれを実施したのです。

※LSAP（大規模資産買取り）の結果、FRBのバランスシートは膨張するとともに、株式も上昇するので、LSAPと株式は一体の関係にあることが図から確認できます。

　そもそもの話として、「政策金利（ここでは米国のFF*レート）をこれ以上下げることができない」といった場面においても物価上昇率は低下し、雇用も減速となればさらなる金利引き下げが必要になってくるわけです。
　であるならば、政策金利であるFFレートがゼロになったとき、今度は長期金利に焦点をあて、諸々の長期金利を引き下げ、経済を刺激するしかありません。

＊FF　Federal Fundsの略。

1-2　マーケットのメインプレイヤーとして注目されるようになったFRB

結果、前年08年11月より始めていたGSE債、MBSの大規模買取り（LSAP）に加え、FRBは長期国債を買い取ることにしたのです。これをQE-1と呼びます。バーナンキ議長の下で行われました。

▶▶ LSAP、QEでリスク資産価格の上昇。その仕組み

FRBがこのような証券を大量に買い取れば、投資家はそれ以外の社債など広範囲な証券を買うことしかできなくなり、それは経済全般の金利が低く押し下げられることを意味します。

つまりバーナンキ議長の実行した大規模資産買取り（LSAP）は、経済全般の金利を引き下げ、景気を押し上げることを意図したものでしたが、手段としては大規模な投資適格債の買取りになるので、結果として大量の資金供給が生まれることになります。一般的に使用される「**量的緩和政策**」という用例は、バーナンキ議長の下、このように始まりました。

▶▶ 金利が低下することによって企業業績はアップし 株価は上昇するといった仕組み

QE（LSAP）の下、不景気にもかかわらず大量の資金が株式市場に流れ込み、株価が上昇するという現象は、このような仕組みに支えられているといっても過言ではありません。

金融機関やファンドなどの機関投資家も、この流れに遅れるなといわんばかりの投資行動に走り、そこに「**バンドワゴン効果**」が生まれていきます。そして株式はいっそう上昇することになります。当然、個人投資家もこの流れに早期に便乗することになります。

つまり短期金利がゼロになったとしても、長期金利をターゲット（低下させる）にすれば、経済全般の諸々の金利はさらに低くなり、景気は刺激され株式（資産価格）は上昇します。このようなQEのメカニズムが確立したことによって、「マーケットのメインプレイヤーはFRB」という認識が、リーマンショック以降に広がっていったのは間違いありません。

1-2　マーケットのメインプレイヤーとして注目されるようになったFRB

　このように、バーナンキ議長の下で、米国にて初の量的緩和政策が発動された2008〜2009年以降、「FRBが量的緩和政策を実行するのでは」といった推測が広がると同時に、リスク資産が買われる（上昇する）といった市場のメカニズムが定着することになりました。為替市場でいえば（米国の）金利低下とともにドル安です。

FRBのQEによる資産価格上昇の仕組み

①政策金利の引き下げ余地がなくなる（ゼロ金利）が、危機時にはさらなる経済支援が必要になる

②米国債、GSE債、MBSをFRBが大量に買い取る（LSAP、QE）

③市場に出回る米国債や政府証券などの供給減により、市場参加者は他の債券を買わざるを得なくなる

④経済に出回る社債など広範囲な債券の利回りが低下し（資産価格は上昇）、経済刺激策として機能する

⑤金融機関などの機関投資家は資金余剰とともに、低金利による企業業績上昇を見越してリスク資産を買い付ける。他の市場参加者もそれに続くといった投資行動の連鎖が発生する

1-3

FRBは「金融市場の安定化」という新しい実質的責務を担う

FRBの2大責務として「物価の安定」と「雇用の最大化」が市場でも浸透しています が、これは連邦準備制度（FRS）を創設した連邦準備法第2条A項に掲げられていま す。しかし、これら以外に「長期金利の安定」も掲げられ、FRBは金融市場の安定化に も努めています。

▶▶ 一般投資家にも浸透するようになったFRB、「注視されるその責務」

先述のように、FRBの金融政策運営が非伝統的手法（QE／量的緩和政策）にまで 拡大したことによって、その存在感は大きなものとなり、一般個人投資家にまで 「FRB」が浸透するようになりました。

さらに、FRBの2大責務として、「**物価の安定**」と「**雇用の最大化**」といった連邦 準備法で定められた責務も、投資家が「FRBの次なる一手」を先読みするうえで、 重要な要素になっています。

例えば、物価が過度に上昇している「高インフレ」の局面では、市場参加者は 「FRBは次なる会合（FOMC）で金利を引き上げるだろう」と予測します。

金利が上昇するということは、株式市場にとってはブレーキとなり株価下落が予 想されます。そして為替市場にとっては、ドル金利が上昇すればドル高を意味しま す。

さらには、雇用が減速している状況では、「FOMCで金利を引き下げるだろう」と いった予想が働き、市場ではこの予想が作用するような動きとなります。

つまり株式市場にとっての金利引き下げは、アクセルであり株価上昇を連想させ、 為替市場にとってはそれ（金利引き下げ）はドル安の動きにつながります。

これらの基本的メカニズムを換言すれば「**FRBの2大責務の水準が現在どの程度 であり、それを基にして次なる政策（利上げか利下げか）がどうなるのか**」、といっ た予想が市場関係者の中で議論になるのです。

第1章 マーケットのメインプレイヤーとなったFRB

1-3 FRBは「金融市場の安定化」という新しい実質的責務を担う

▶▶ FRBの実質的な第3の責務は「金融市場の安定化」

しかし、連邦準備法には2大責務だけでなく、「適度の長期利子率」「経済の長期的成長に適合する貨幣の長期的増加の維持」といった目標も掲げられています。それらによって、FRBは「**ドルの守護神**」と形容されているのかもしれません。

これらの連邦準備法に掲げられた目的は、2大責務に対して劣後している印象を受けますが、世界のどこの中央銀行も、法律上に規定がなくとも経済成長や**金融市場の安定を損なうような金融政策運営は批判の対象**となっています。

つまり従来の2大責務に加え、実質的な**第3の責務として「金融市場の安定化」も無視できない時代**に突入しているのです。

 あっという間の15年間

筆者が「FRBの金融政策」を中心にマーケットの流れを追うようになったのは、2008年の金融危機以降になります。2000年代前半は米国株自体に関心をもつ人が少なかったこともあり、FRBの金融政策と、米国株や日本株など世界の株式市場を結び付けて考える専門家もほとんど見受けられなかった、という認識です。

筆者の記憶に強く残っているのは、2008年から2009年にかけて「米国の量的緩和で株式上昇」と、とあるニュースサイトで筆者自身が主張していたとき、同じニュースサイトに記事を提供していた経済学者から「量的緩和でマネーサプライが増えるわけがないのに株式が上昇するはずはない」と否定された出来事です。

いまでは考えられないかもしれませんが、当時はそのような認識がほとんどでした。「量的緩和政策と株価に何の関係が？」といった感じで、金融政策と株式市場を結び付けて考える人を、筆者自身は見たことがありませんでしたし、そのような主張をする専門家すら見当たりませんでした。

しかしそれは当然だったように思います。なぜなら、本書で述べているように米国ではゼロ金利以下の政策自体が初の出来事だったので、まず「QE」という頭文字すらごく一部の人が発しているだけ、の状態だったからです。

振り返ってみると時が経つのは本当に速いもので、いまの若い人たちは「FRB」「FOMC」「QE」の知識を当然のように身に付けています。情報発信を加速させるFRBと、情報受信の進化を享受する市場参加者の意図が一致した結果、「FRB」が一般的な言葉として認知されたことを痛感します。

1-4
FRBの第3の責務
「金融市場の安定化」までの流れ

国際金融市場の発展とともに「金融市場の安定化」が実質的な第3の責務となったことは市場関係者の中では広く知られている事実です。ボルカー時代に起こった「ボルカーショック」、グリーンスパン時代の「ブラックマンデー」、バーナンキ時代の「リーマンショック」を経て、FRBの金融市場への取り組みは、いっそう透明化されていきました。

▶▶ 「インフレファイター」ボルカーFRBとその代償

第12代FRB議長であるポール・ボルカー氏（在任：1979年8月～1987年8月）は、石油価格高騰からの高インフレ、ドル危機からの転換を図るといった役割が就任当初より明確化されていました。

就任当初の1979年8月、10％台だったFFレートはボルカー議長の下で急激に引き上げられ、10月には17％超、80年4月には19％超、80年12月、81年7月には22％を超える場面がみられました（誘導目標を超えて瞬間的に跳ね上がる場面も）。

就任からわずか3年間で「徹底した利上げ」の局面は（82年の）第5ラウンドまで続き、その結果、13％を超えていたインフレ率（同81年）は83年に3.2％まで低下したのです。このことによって、ボルカー議長は「インフレファイター」として歴史にその名を刻むことになりました。

これは現在のFRBに課せられた多岐にわたる役割とは真逆の内容であり、**物価の安定一極集中だった**、といえるかもしれません。その代償として1979年10月には**ボルカーショック**と呼ばれるNY株式市場の暴落が起こり、失業率は大幅な悪化を続けGDPも減少し、FRB創設以来の激しい批判にさらされたという評価も残すことになりました。

1-4 FRBの第3の責務「金融市場の安定化」までの流れ

▶▶ 「マエストロ」グリーンスパンFRBとその代償

そしてその座を引き継いだ第13代FRB議長であるアラン・グリーンスパン氏（在任：1987年8月〜2006年1月）は、ボルカー議長が目標としていたマネーサプライ（貨幣供給量）よりも景気の安定に傾斜した金融政策運営を行い、実体経済に応じて機動的な政策を実施し「**金融市場のマエストロ（巨匠）**」として名を馳せました。

就任同時期にブラックマンデーと呼ばれるNY株式市場の歴史的大暴落に直面しましたが（1987年10月19日）、その翌朝に「流動性を供給する準備ができている」とのアナウンスを発し、株式市場に落ち着きをもたらしました。

その後も、インフレを抑えながら経済成長の下支えに尽力し、メキシコ、アジア通貨危機、911（アメリカ同時多発テロ、2001年）等の多くの危機を乗り越えて米史上最長の景気拡大をもたらし、在任期間は18年を超えることになりました。

米国の政策金利、FFレート

（物価の安定一極だったボルカー時代のあとで、グリーンスパンFRB議長は流動性供給をもたらし長期にわたる経済安定を実現した。）

しかしボルカーと同様、これらの手柄の延長には、責められる業績も残すことになります。

1-4 FRBの第3の責務「金融市場の安定化」までの流れ

アジア通貨危機やロシアデフォルト危機に対応するべく、**積極的な利下げを行っ**たグリーンスパンはその後、ITバブルに直面し、そして業績の裏付けなき崩壊を起こしてしまいました。そしてなにより、グリーンスパンの**行きすぎた金融緩和は長期間に及ぶ世界金融危機の発端となった**アメリカの住宅バブルを起こしてしまいました。

米国の歴史から読み解けるのは、「金融危機は流動性によってしのぐ」ということと、「その金融危機・バブルを生み出すのは、これもまた流動性である」ということです。**過剰流動性によって危機をしのいだ結果、その後バブルが発生し必然的に崩壊する**といったサイクルになります。ここで注視すべきことは、このバブル崩壊が金融市場という資金貸借のインフラを伝わって他国に波及することです。

▶▶ 金融市場の巨大化によって「金融市場の安定化」も実質的責務になったFRB

このように、2000年初頭からの「ITの進化」と「金融サービスの発展」によって、米株式市場での暴落は瞬く間に世界中へ波及しやすくなりました。以前にも増**して危機が拡大しやすくなった**のです。換言すれば、アメリカで発生する危機は、アメリカ独自の問題ではなくなったということになります。

つまり、米国の株式市場が暴落すれば世界の株式市場が暴落する、といっても過言ではありません。近年、ますますその傾向が強まっていることから、**欧米のみならず日本の投資家もFRBに注目するようになった**といえます。

そのような意味で、法には明記されずとも「金融市場の安定化」はFRBの実質的な責務となりました。グリーンスパンFRBの時代から、その意味合いは時代の経過とともに色濃くなっていった、ということになります。

▶▶ 市場の中心となったバーナンキFRBの時代

そこで登場したのがグリーンスパンのあとを引き継ぎ、第14代FRB議長となったベン・バーナンキ氏です（在任：2006年2月〜2014年2月）。金利政策の視点からすると、**バーナンキ議長の政策はボルカー時代の政策運営とは真逆の時代**だったといえます。

1-4 FRBの第3の責務「金融市場の安定化」までの流れ

特にリーマンショックが起こったのちは（2008年10月～）「利下げ」が長期化し、退任するまで「ゼロ金利」からの脱却を図ることはできませんでした。しかしこのことによって、株式をはじめとする為替、債券といった各市場は、バーナンキ議長の金融政策やアナウンスに敏感に反応するようになります。

FRBの金融政策の目的（連邦準備法第2条A項）

・物価の安定
・雇用の最大化
・緩やかな長期金利

2000年代に入って「金融市場の安定化」も実質的な責務に

↑

安定化を図る金融政策、フォワードガイダンス、各種イベントでのスピーチなどで
「金融市場の安定化」に対応

↓

FRBの金融政策がマーケットをリードすることに

1-5
マーケットの中心となった「量的緩和」という金融政策

サブプライムローン問題（住宅バブル崩壊）を契機としたリーマンショックからの金融危機は、FRBの金融政策に新たな手法をもたらしました。皮肉なことですが、これらの危機が連鎖したことで、従来の金融政策から進化した「非伝統的金融政策」が生み出され、結果として金融政策とマーケットの密接な関係が顕在化したことになります。

▶▶ グリーンスパンの「負の遺産」を受け継いだバーナンキ

マーケットの中でFRBの存在感が増すきっかけとなったのがQE発動（量的緩和政策）とお伝えしてきましたが、これは住宅バブルの崩壊（サブプライムローン問題/2007〜2009年）とリーマンブラザーズの破綻（リーマンショック/2008年）によって世界的な金融危機を迎えたことが発端となっています。

皮肉なことではありますが、「金融市場のマエストロ」といわれた前議長のグリーンスパンが前例のない金融緩和を維持したことで住宅バブルが発生し、そして崩壊を招いた、との指摘はいまでも多くみられます。

▶▶ グリーンスパンの低金利のテールリスクを受け入れた バーナンキFRB議長

「グリーンスパンの功罪」を引き継いだバーナンキFRB議長は、就任当初より難題を抱えており、さらに翌年2007年8月にはフランス大手銀のBNPパリバ傘下のファンドが投資家からの解約凍結を発表したことによって（パリバショック）、サブプライムローン問題が顕在化し、信用不安（クレジットクランチ）が世界的に拡大しました。

これらのことがきっかけとなり、07年8月以前には5%あった米国の政策金利（FFレート）も金融危機への対応のため**08年12月には米国史上初のゼロ金利（誘導目標0.0〜0.25%）へ「連続利下げ」を実施**するに至りました。世界的な金融危機によってFRBは絶体絶命のピンチに陥ったのです。

第1章 マーケットのメインプレイヤーとなったFRB

1-5 マーケットの中心となった「量的緩和」という金融政策

金利政策という伝統的政策から「量的政策という非伝統的政策」へ

つまり、第14代FRB議長に就任したバーナンキは、就任して間もなく住宅バブルの崩壊と金融危機に陥ったことから、FFレートをそれ以上下げ余地のない水準まで低下させざるを得なくなったのです。

前任者たちは金利操作のバッファー（余剰）があったため、経済を金利によってある程度操作することが可能だったのですが、バーナンキの場合はバッファーがないために、前任者たちとの比較ができないといわれました。

しかしながら繰り返し述べたように、**伝統的金融政策として金利操作を、非伝統的金融政策として量的政策（QE、量的緩和）を実践した**ことから、市場参加者にはわかりやすい政策区分が浸透しました。FRBの歴史上、初めて金利政策と量的政策の区分がなされた瞬間でもあり、この政策運営は多くの市場関係者にも浸透したのです。

第2章

金融政策とマーケットの経路

—FRBの公開市場操作(OMO)とマーケットのメカニズム—

金融政策の主な手段は「公開市場操作」といわれる取引で、単に「オペ」「オペレーション」とも呼ばれます。金融調節の主な手段であり、オペの種類によってマーケットへのインパクトは違ってきます。

2-1

「金利政策」と「量的政策」に2分して議論される金融政策

金融の世界では、金利を引き上げることを単に「利上げ」、下げることを「利下げ」と呼ぶのが通例となっています。そしてFRBが米国債などを買い取ることを「QE」「量的緩和」といって、「利上げ・利下げ」の政策と区分しており、各々の政策からマーケットの動きを予測することになります。

▶▶ 金融政策の代表的手段は公開市場操作（OMO＊）

従来からの金融政策の手段は①公開市場操作、②公定歩合操作、③預金準備率操作に大きく分けられていますが、実際のマーケットの世界において中心となるのは公開市場操作です。現代ではさらに、この公開市場操作が①金利政策と②量的政策に二分されて議論される傾向にあります。

ざっくりと**金融政策自体が金利政策と量的政策に分類されて議論される**ことがありますが、これは、この2つの政策が株式や為替といった大きなマーケットに与えるインパクトが大きいからです。

▶▶ FRBの政策金利はFFレート（Federal Funds Rate）

その金利政策ですが、前提となる**操作目標は米国の政策金利であるFFレート**です。

FFレートというのは、米国の民間銀行が資金の貸し借りを行うフェデラルファンズ市場（FF市場）で使用する金利であり、一般的にはこの市場でのオーバーナイト金利（オーバーナイトで貸借を行う）のことを指しています。

FFレートが金融政策の起発点であり、この水準が米経済全般における短期貸出金利や短期預金金利に波及することになるので、景気や物価が過熱している場合にはこのFFレートを引き上げて米経済全体の過熱感を抑制します（金融引き締め）。

＊ **OMO** Open Market Operations の略。

逆に、景気や物価が落ち込んでいる場合には景気浮揚を狙ってFFレートを引き下げることになります（金融緩和）。

そういう意味で金融引き締めのことを「ブレーキ」、金融緩和のことを「アクセル」と呼ぶことが多いです。「景気が過熱していたらブレーキ」「不景気であればアクセル」といった具合です。

▶▶ FFレートを調整する金利政策の仕組み

マーケットでは、政策金利（FFレート）の引き上げを「利上げ」、引き下げは「利下げ」、そして金利の据え置きはそのまま「据え置き」と呼んでいます。

金利を誘導する取引はFOMCで決定されたのち、そのFOMCから指令を受けたニューヨーク連銀（NY連銀、NY Fed）の公開市場デスクが短期国債の売買（公開市場操作）を実施することで成立します。 取引の相手方はプライマリーディーラー（**PD**＊）と呼ばれる政府承認の金融機関になるわけですが、つまるところ**NY連銀とプライマリーディーラーによって米国の政策金利を誘導している**、ということになります。

金利の誘導（利上げ・利下げ・据え置き）は、このような機関が、適格担保である米国債を中心とする債券を、売り戻し、あるいは買戻しの条件付きで売買する（レポ取引）ことによって調整・成立するということです。

＊ **PD** Primary Dealerの略。

2-2
「利上げ」「利下げ」（金利政策）
―その仕組み―

市場が最も注目するのは次回のFOMCです。過去の会合ではありません。

「利上げ」（金利引き上げ）があるのか「据え置き」なのか、「利下げ」があるのか、といったところになります。

▶▶ 金利の引き上げ

金利（FFレート）の引き上げもレポによって誘導されます。FOMCが「誘導目標（FFレート）を〜%にすることを決めた」という声明文を公表することになりますが、機械的にその水準が決まるわけではなく、あくまでこれらのアナウンスとオペによって目標水準に誘導することになります。中央銀行の政策金利決定の際に「誘導目標」という言葉が添えられているのはこのためです。

リバースレポはその名のとおり、レポとは逆に資金吸収の調整を目的としたオペになりますが、日々のオーバーナイトレポによってFFレートは調整されているので、実施の頻度としては少なくなります。

本書では米国の中央銀行（FRB）を主体としているので、政策を決定する会合であるFOMCの声明文（2024年11月会合）を例に挙げて、その表現を見てみます。

▶▶ FOMC声明文での「利上げ」「利下げ」を見てみる

筆者の他の著作でも同様の内容を記載しているので重複になるかもしれませんが、近年ではFOMC声明文の第3・第4段落目に「政策の結論」が記載される傾向となっています。例えば、その第3段落に「the Committee decided to」と記載されている箇所があれば、その文言以降に政策の結論が公表されています。公表時間とともに「さっと見る」ことが重要です。

2-2 「利上げ」「利下げ」（金利政策）

　FOMC声明文の公表時間は現地、米東部午後2時です。これは、日本国内で閲覧するときには注意が必要です。なぜなら米国ではサマータイムが導入されていますので（3月の第2日曜日から11月の第1日曜日まで）、日本国内で1月FOMC声明文を閲覧する時間は深夜4時。3月FOMCが第2日曜以降だと、日本国内では深夜3時に閲覧することになります。1時間の時差が出てくるのです。

▶▶ 「利上げ」の声明文とマーケット

　次に示す囲み内は利上げの声明文です。2023年7月のFOMC statement（FOMC声明文）であり、先述のように政策の結論を示す第3段落の箇所です（投資家は、まずこの文言を真っ先に見つけなくてはなりません）。

> In support of these goals, **the Committee decided to** raise the target range for the federal funds rate to 5-1/4 to 5-1/2 percent.

　これは、「政策金利であるFFレートの誘導目標を5.25〜5.50％に引き上げた（raise）」という「利上げ」の声明文になります。通常であればこれによってドル金利は上がるので、日本円との関係ではドル高・円安が連想されます。この利上げを株式市場に当てはめてみると、金利の上昇は経済へのブレーキを意味するので、金利敏感株を中心に下落することが連想されます。

▶▶ 「利下げ」の声明文とマーケット

　次に示す囲み内は逆に「利下げ」の声明文です。2024年11月のFOMC statement（FOMC声明文）であり、やはり第3段落の箇所です。

　くどいようですが、投資家はFRBのリリースをクリックするのと同時に**まずこの文言を真っ先に見つけなくてはなりません**。金利を上げたのか、下げたのか、据え置きなのか、の3パターンしかありません。

第2章　金融政策とマーケットの経路

2-2 「利上げ」「利下げ」（金利政策）

> In support of its goals, **the Committee decided to** lower the target range for the federal funds rate by 1/4 percentage point to 4-1/2 to 4-3/4 percent.

　これは「FFレートの誘導目標を0.25%引き下げて4.50〜4.75%にした（lower or cut）」ということですから、ドル金利は下がります。利上げの場合とは逆の動きでドル安・円高と、そして株高が連想されます。金利の引き下げは「金融緩和」に当てはまりますから、スタートアップの企業や借り入れによって設備投資をしている企業などにとっては後押し材料になりますので、特にハイテクやAI関連銘柄といった新興セクター中心に株式が上昇することが連想されます。

　上記は、「利上げ」「利下げ」の声明文を例にとりましたが、「政策金利の据え置き（maintain）」の場合はどうでしょう？

　利上げであれ利下げであれ、さらには「据え置き」の場合であってもマーケットはボラティリティ（市場の変動幅）が高くなるケースがあります。それは**事前予想にかかっています。**

　「次回のFOMCではおそらく利上げ」「おそらく利下げ」、または「いや据え置きだろう」といった予想がされていた場合、それと違った結果が公表されれば、市場参加者は慌てて手持ちのポジションを変更せざるを得なくなります。

　つまり政策結果が事前の予想と違った場合、ポジション調整を余儀なくされるので、マーケット全般のボラティリティは高くなります（変動率が高くなります）。

　昨今のFRBは「金融市場の安定化」も実質的な責務になっているとお伝えしました。よって、政策発表前にどのような政策になるのか示唆することによって市場全体への浸透を図る、といった作業も中央銀行にとって重要な仕事になるわけです。

　よってボラティリティの視点で見た場合、「利上げ・利下げだからボラ高になる（ボラティリティ/変動率が高くなる）」というわけではなく、据え置きであっても逆にボラ高になるときがあります。それは中央銀行の「地ならし」がうまく機能していない場合です。

　そういう意味では、**政策発表前の中央銀行によるアナウンス・根回しがマーケット**にとって重要になるといっても過言ではありません。

2-3
「量的政策」アウトライトオペ

　量的緩和・アウトライトオペ（買い切り）が注目されるのはマーケットに何らかの「クラッシュ」が発生したときになります。マーケットにおけるクラッシュとは、その名のとおり、予期せぬ「崩壊」「衝突」といった突発的な出来事が起こることを意味し、その背景が金融危機などの場合には、「量的緩和政策」（一般的通例での表記：QE）が期待される傾向にあります。

▶▶ 08年のリーマンショックでLSAP発動（QE1）

　経済が崩壊するようなクラッシュが発生すると、FRBは連続的に政策金利（FFレート）を引き下げます。事態の悪化が明白なときは、一気に「ゼロ金利」まで引き下げる傾向にあります。

　繰り返しになりますが、基本的には政策金利の引き下げというのは短期金利（FFレート）の操作になりますから、長期金利まで及びません。よって、1-2節でお伝えしたように、金利の引き下げ余地がなくなった場合でも、長期金利に焦点をあてることで、経済の広範囲にわたる諸々の金利を引き下げ、さらに経済を刺激することは可能です。

▶▶ レポ取引で金利調整、
アウトライト取引で量的・マネタリーベース調整

　2-1節では、「金利の誘導（利上げ・利下げ・据え置き）は、NY連銀がプライマリーディーラーとの取引において、米国債などの適格担保の売り戻し（レポ）・買い戻し（リバースレポ）をすることによって実施・調整している」、といったことを説明しました。

　レポは通常、条件付きの取引形態であることから限られた「期間だけ資金供給する一時的な公開市場操作」ということになります。よって、レポによってFRBのバランスシートが膨張し続けることはありません。

第2章　金融政策とマーケットの経路

2-3 「量的政策」アウトライトオペ

▶▶ FRBのバランスシートとポートフォリオの話

　お伝えしてきたように、QE（量的緩和政策）によってFRBのバランスシートは拡大し、結果としてリスク資産の価格が上昇していきます。これは、アウトライト（オペ）と呼ばれる公開市場取引によってFRBのポートフォリオが拡大していくからです。

　少々専門的な話になりますが、一時的なFFレート調整を目的とした条件付きオペ（レポ）と違い、恒久的なアウトライトオペ（買い切り）の実施が量的政策ということになります。そして買い取った資産はFRBのポートフォリオで管理されることになります。

　具体的には、NY連銀の公開市場デスクがアウトライト（買い切り）で保有した米国債をはじめとする債券を、**SOMA** ＊と呼ばれる有価証券を管理する口座で管理することになります。この**SOMAがFRBの実質的な債券ポートフォリオ**になります。これによってFRBの保有資産が大きくなれば、株式などのリスク資産の価格が上昇する、といったメカニズムが確立されています。逆に保有資産が減っていけば、リスク資産の価格は下落傾向になります。

FRBの実質的ポートフォリオ（SOMA）

Domestic Security Holdings as of

Previous ◀ **November 20, 2024** ▣

Posted November 21, 2024 at 4:30 PM

| SUMMARY | T-BILLS | T-NOTES AND T-BONDS | FRNS | TIPS | AGENCY DEBTS | MBS | CMBS |

	SECURITY TYPE	TOTAL ($Thousands)
US Treasury Bills (T-Bills)	Tビル	195,292,926 7
US Treasury Notes and Bonds (Notes/Bonds)	Tノート/Tボンズ	3,662,306,194 7
US Treasury Floating Rate Notes (FRNs)	変動利付債	6,345,642 2
US Treasury Inflation-Protected Securities (TIPS)*	TIPS債	341,360,480 2
Federal Agency Securities**	エージェンシー債	2,347,000 0
Agency Mortgage-Backed Securities***	エージェンシーMBS	2,254,183,764 5
Agency Commercial Mortgage-Backed Securities***	エージェンシーCMBS	8,095,296 3
Total SOMA Holdings	SOMA（保有証券残高）	6,469,931,304 6
Change From Prior Week	前週比	-20,977,915 9

出典：NY Fedから

> 保有証券（Total SOMA Holdings）が増加するということは、金融政策的にいえば「買い切り（アウトライトオペ）」であり、マネタリーベースが増加し流動性が供給され、株式などのリスク資産の価格が上昇する

＊ **SOMA**　System Open Market Accountの略。

34

2-3 「量的政策」アウトライトオペ

表にあるように、保有証券残高は、Tビル（T-Bills）といわれる満期が1年未満の短期証券をはじめとして、1年超〜10年未満の中期証券であるTノート（T-Notes）、10年超の長期債であるTボンズ（T-Bonds）といった財務省証券を軸に、エージェンシーMBS、エージェンシーCMBSなど米国債に次ぐ投資適格証券などで構成されているのが特徴です。

FRNs（FLOATING-RATE NOTES）というのは変動金利付き債券で、FOMCとしても、金利の乱高下の激しい市場で、資金調達・運用者双方の利益を均衡させるために発行されている当証券の安定性を重視し、保有資産に組み入れる傾向があります。

TIPS債（米国物価連動国債）も同様に、元本が消費者物価指数に連動して変動する米国債で、インフレリスクをヘッジできる特徴がありますので、NY連銀のポートフォリオに組み入れられる中核証券になります。

それらはFRBのバランスシートを見た場合、恒久的なオペであるアウトライトの項目に表示されています（次下ページの表）。

アウトライトオペには買い切りと売り切りがありますが、基本的には買い切りです。売り切りの実施はほとんどありません。

売却せずとも買い取った資産が償還を迎えればおのずとバランスシートは小さくな、マネタリーベースは縮小します。この縮小規模が大きいときは、逆に株式などの資産は下落傾向になる、ということです。

これはあくまで「理論的にはそうなる」といった基本的な考え方ですが、QE（量的緩和）の反対が**QT**＊であるように、買いのときは資金供給で株価上昇、自然償還（持ち切り償還、ランオフ/run-off）で株価下落、といった考えです。

1913年のFRB創設以来、アウトライトの買い切りオペを初めて実行したのが2008年リーマンショック時のバーナンキFRBだった、ということなのですが、その経験則から**「量的緩和（LSAP/QE）＝株価上昇」**という図式が市場に確立したことになります。

＊**QT** Quantitative Tightening の略。量的引き締めのこと。

FRBのバランスシート（色枠がアウトライト購入の主要箇所）

5. Consolidated Statement of Condition of All Federal Reserve Banks
Millions of dollars

Assets, liabilities, and capital	Eliminations from consolidation	Wednesday Nov 20, 2024	Change since	
			Wednesday Nov 13, 2024	Wednesday Nov 22, 2023
Assets				
Gold certificate account		11,037	0	0
Special drawing rights certificate account		10,200	0	+ 5,000
Coin		1,450	− 17	+ 44
Securities, unamortized premiums and discounts,				
repurchase agreements, and loans		6,842,540	− 26,675	− 872,808
Securities held outright[1]		6,587,564	− 20,806	− 717,314
U.S. Treasury securities		4,322,938	− 17,122	− 519,998
Bills[2]		195,293	0	− 35,973
Notes and bonds, nominal[2]		3,668,652	− 17,294	− 463,799
Notes and bonds, inflation-indexed[2]		341,360	0	− 24,045
Inflation compensation[3]		117,632	+ 171	+ 3,818
Federal agency debt securities[2]		2,347	0	0
Mortgage-backed securities[4]		2,262,279	− 3,684	− 197,316
Unamortized premiums on securities held outright[5]		252,815	− 627	− 29,684
Unamortized discounts on securities held outright[5]		−24,085	− 161	+ 2,412
Repurchase agreements[6]		11	+ 5	+ 11
Loans[7]		26,234	− 5,087	− 128,233
Net portfolio holdings of MS Facilities 2020 LLC (Main				
Street Lending Program)[8]		9,945	− 208	− 6,632
Net portfolio holdings of Municipal Liquidity Facility LLC[8]		0	0	− 5,601
Net portfolio holdings of TALF II LLC[8]		0	0	− 382
Items in process of collection	(0)	84	+ 7	− 14
Bank premises		496	+ 74	+ 58
Central bank liquidity swaps[9]		132	+ 4	− 105
Foreign currency denominated assets[10]		17,704	− 50	− 335
Other assets[11]		30,143	− 16,512	− 6,309
Total assets	(0)	**6,923,731**	− 43,377	− 887,083

Note: Components may not sum to totals because of rounding. Footnotes appear at the end of the table.

(annotations: 債券保有残高, 債券買い切り, FRBの（有価証券）ポートフォリオ, 総資産)

出典：FRBサイトから

FRBバランスシートの推移

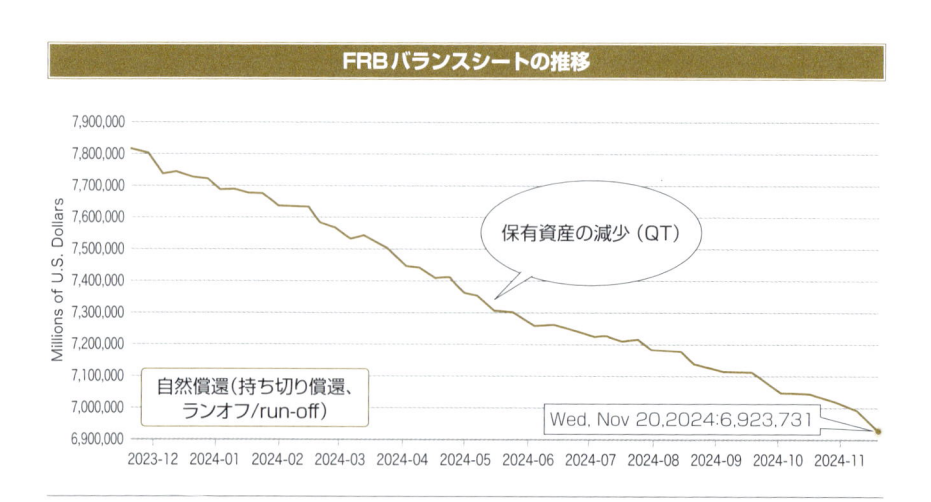

保有資産の減少（QT）

自然償還（持ち切り償還、ランオフ/run-off）

Wed, Nov 20,2024:6,923,731

2-3 「量的政策」アウトライトオペ

▶▶ 売り切りについて

「自然償還（ランオフ）によってバランスシートを小さくする」といいましたが、バランスシートを小さくして正常化に向かいたいのであれば、なぜ、FRBは保有資産を売却（売り切り）しないのでしょうか？　これは、FRBの出口戦略議論のテーマの1つとして取り上げられることが以前は多かったです（参考：『最新為替の基本とカラクリがよ〜くわかる本［第2版］』p152/p178）。

FRBが保有資産を売却してしまうと市場に大量の国債を供給することになり、国債発行と同じ意味をもつことになります。利回りが上昇し諸々の金利が上昇してしまう、または株式等のリスク資産も下落もしくは急落することが懸念されるのです。

よって**現在の「QT（量的引き締め）」は、この自然償還（持ち切り）によって保有資産を減らしていく**のが実情となっています。売り切りよりもペースが遅いことから、極端な株価下落ということにはならないといった利点があります。FRBはリーマンショックを経験し、バランスシートの正常化についても「金融市場の安定」を重視しているのです。

FRBのQEによる資産価格上昇の仕組み

①政策金利の引き下げ余地がなくなる（ゼロ金利）が、危機時にはさらなる経済支援が必要になる。

②米国債、GSE債、MBSをFRBが大量に買い取る（LSAP、QE）。

③市場に出回る米国債や政府証券などの供給減により、市場参加者は他の債券を買わざるを得なくなる。

④経済に出回る社債など広範囲な債券の利回りが低下し（資産価格は上昇）、経済刺激策として機能する。

⑤金融機関などの機関投資家は資金余剰とともに、低金利による企業業績上昇を見越してリスク資産を買い付ける。他の市場参加者もそれに続くといった投資行動の連鎖が発生する。

第2章　金融政策とマーケットの経路

2-3 「量的政策」アウトライトオペ

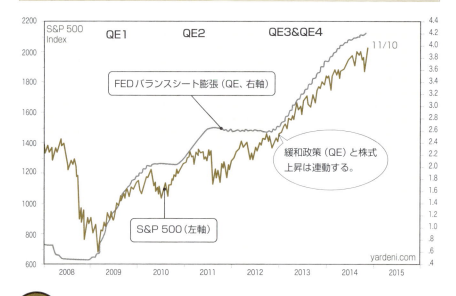

QEによるFRBバランスシート膨張と米株式市場(S&P 500)

COLUMN 金融緩和による複数の波及経路

　金融緩和の効果として真っ先に思い付くのは、本書でも述べてきたように「政策金利の引き下げから長期金利の低下」になると思います。政策金利の「先安観」を背景に長期金利も低下していくといった波及効果ですが、このような効果のことを金利経路と呼ぶことがあります。

　長短金利低下の先には資金調達コストの低下があり、それが投資や消費を拡大させることにつながるのです。この「金利経路」を金融緩和による波及効果の主な経路とすれば、緩和効果の経路には他にも複数存在します。政策金利を低下させると通貨安になり、純輸出の増加につながります。結果、やはりというべきか緩和政策の目的である、投資・消費拡大といったところに結び付いていきます。

　これは緩和政策による「為替相場経路」ですが、「緩和政策(量的政策)によって準備預金が増加すれば銀行貸出量の増加につながる」という「信用経路」も存在します。同時に、(緩和政策によって)資産価格が上昇しますが、これによって得をするのは投資家だけはありません。様々な担保価格が上昇することで、金融の心臓部でもある銀行の体質改善(バランスシート改善)につながりますが、これもまた投資や消費の拡大につながるといった「信用経路」が存在します。

　このように、金融緩和の経路というのは複数存在しますし、この経路が緩和政策の目的でもあるのです。

2-4
「ヘリコプター・ベン」のQE1・QE-Lite・QE2とマーケット

金融市場に歴史的なインパクトを残したバーナンキ議長の「QE」でしたが、QEによって株式が上昇する、といった定説が確立したことから、米FRBはマーケットでいっそうの注目を集めることになりました。いまでは市場参加者からFRBの一挙一動が注視されているキッカケを作ったのも、バーナンキ議長の手腕によるところが大きいといえます。

▶▶ 就任早々、米国はバリパショックからリセッションへ突入

第14代FRB議長であるベン・バーナンキ氏（在任：2006年2月〜2014年1月）が、「デフレ解消のためにはヘリコプターから紙幣をばらまくといった大胆な金融緩和が有効」と発言したことから「ヘリコプター・ベン」との異名をとりました。その後の政策はその言葉を有言実行したことになります。

2006年2月の就任当初、FFレートは誘導目標5.25%でしたが、翌07年8月にバリパショックが起こり早々と「利下げ」にかじを切ります。当時「物価の安定」を示すインフレ指標としてPCEコアデフレーターが基準とされていましたが、その水準が2%を割り込み世界金融危機前の不穏な空気が漂っていた時期です。07年12月、米国は**景気後退（リセッション）に突入**しました（07年12月〜09年6月）。

▶▶ 利下げから「ゼロ金利」、そして量的緩和（LSAP/QE1）へ

米投資銀行リーマンブラザーズの経営破綻（リーマンショック）が起こったのが翌08年9月。これを機に世界金融危機に突入しました。市中にお金が出回らなくなる信用収縮（クレジット・クランチ）が本格化したのです。

先述したように、バーナンキ議長は積極的な「利下げ」を実施しリーマンショック直後の08年12月に「ゼロ金利」（誘導目標0.00〜0.25%）を採用しましたが、金融危機の深刻化は止められず、いっそうの経済不況やそれに伴うデフレーションが

2-4 「ヘリコプター・ベン」のQE1・QE-Lite・QE2とマーケット

懸念される中、追加の刺激策がFRBに求められていました。それがQE1という「追加の政策」につながったといえます。LSAPは08年にスタートしていたのですが、そこにQE（長期国債の買取り）が加わりました。

▶▶ QE1とマーケット

08年11月にバーナンキFRBはGSE債（1000億ドル買取り）、MBS（5000億ドル買取り）といった証券を買い取る政策、**LSAP**＊を実施しました。

これは**ゼロ金利に到達する前に行った政策で、住宅バブルの崩壊に起因するサブプライムローン問題を解決することを目的としたバランスシート政策**になります。同じバランスシート政策とはいえ、株価に直結するQE1とはその目的が違っていました。

マーケットで市場参加者が使用する量的緩和政策というのは株価に直結する政策のことを指していることが多いですが、翌**2009年3月にスタートした長期国債買取りの政策（09年3〜10月/3000億ドル）のことをQE1としている場合がほとんど**です。次の囲みは、09年3月18日のFOMC声明文における第3パラグラフから政策決定箇所を抜粋したものです。

FOMC statement [March 18, 2009]
（以下、第3パラグラフ、政策決定箇所）
The Committee will maintain the target range for the federal funds rate at 0 to 1/4 percent and anticipates that economic conditions are likely to warrant exceptionally low levels of the federal funds rate for an extended period. To provide greater support to mortgage lending and housing markets, the Committee decided today to increase the size of the Federal Reserve's balance sheet further by purchasing up to an additional $750 billion of agency mortgage-backed securities, bringing its total purchases of these securities to up to $1.25 trillion this year, and to increase its purchases of agency debt this year by up to $100 billion to a total of up to $200

＊ LSAP 1-2節参照。

2-4 「ヘリコプター・ベン」のQE1・QE-Lite・QE2とマーケット

> billion. Moreover, to help improve conditions in private credit markets, the Committee **decided to purchase up to $300 billion of longer-term Treasury securities over the next six months.**

　FOMCは、長期間にわたり（for an extended period.）異例の低金利（0～0.25%）を維持し、**6ヵ月間で3000億ドルの長期国債を買い取る**、という声明文を出しました。

　前年（08年）11月に公表されたGSE債とエージェンシーMBSの購入額の増額も記載されていますが、08年12月の声明文では、低金利を「しばらくの間（for some time）据え置く」としていたところが「長期間にわたり（for an extended period.）」と変化したのです。この「時間軸の変更」は「フォワードガイダンスの変化」ということになるのですが、それに加え長期国債の買取りを表明したことで米株は大きく上昇しました。

　後者の買取りが「QE1」なのですが、株価の上昇はLSAPが公表された08年11月にはみられなかった現象です。

QE-Liteとマーケット

QE1は結果として株式などの資産価格を反発させましたが、QE1が終了しても経済不況やデフレの脅威は残ったままでした。

FRBは消費を伴う物価の安定を図る指標として、価格変動の激しい食品やエネルギーを除いたPCEコアデフレーターを採用していますが、QE1終了時もインフレの目安とされる「2%」に届かないままでした。

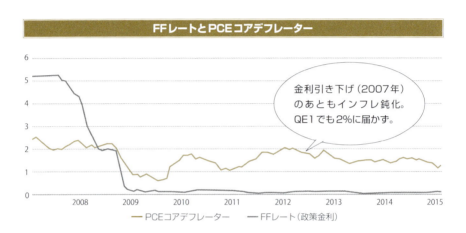

2010年に入ってもデフレの脅威を背負ったままのFRBは、量的緩和の第2弾を模索することになりますが、2010年半ばよりエネルギーや食品といったコモディティ市場にも資金流入がみられ、生活必需品の価格高騰が発生してしまいます。

よって、資金供給を抑えながら物価を上昇させるという意図の下に、FRBは**バランスシートを大きくせず、その中身を変える、いわゆるQE-Liteという政策**を発動します。これは、保有していたエージェンシー債とエージェンシーMBS（不動産ローン担保証券）を長期国債へ再投資する政策で、バランスシートの中身を変える政策です。結果、バランスシートの大きさ自体は変わりません。

よって量的緩和と言い切れるものではなく（資産価格を上げるものではない）、あくまで利回りに焦点をあてたものでした。

2-4 「ヘリコプター・ベン」のQE1・QE-Lite・QE2とマーケット

しかし米国債の保有残高自体は増加するので、一部報道でQE-lite（QEの軽量版）と呼ばれることになりました。いずれにせよ、その後もインフレ率（PCEコアデフレーター）が1%に向かって下がり続けていたので、結局のところ**秋口にはQE2が発動**することになります。

※後述のとおり、QE-Liteはオペレーションツイスト発動の声明と同時に変更されることになります。

2010年11月FOMC声明文とQE2

QE2（Quantitative Easing 2：量的緩和第2弾）は2010年11月3日、FOMC声明文にて公表されました。次の囲みはその声明文の政策決定箇所になります（局所抜粋）。

FOMC statement [November 3, 2010]

the Committee intends to purchase a further $600 billion of longer-term Treasury securities by the end of the second quarter of 2011, a pace of about $75 billion per month. The Committee will regularly review the pace of its securities purchases and the overall size of the asset-purchase program in light of incoming information and will adjust the program as needed to best foster maximum employment and price stability.

QE1では3000億ドルの購入でしたが、その倍額の6000億ドルの長期国債買取りで（計9000億ドル）、その期間は2010年11月から翌11年6月末まで。マーケットにとっては月額750億ドルのペースでの資金供給ということになります（QE-Liteも同時進行）。

2-4 「ヘリコプター・ベン」のQE1・QE-Lite・QE2とマーケット

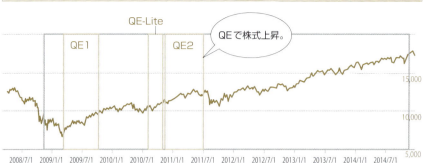

　この前後の文言においても、雇用の最大化と物価の安定の促進が強調されており、購入規模だけでなく、「今後も必要に応じて政策を調整する」といったフォワードガイダンスがマーケットに大きなインパクトを与えることになります。

　ただし、QE2終了（2011年6月末）を迎える頃には株式は反落します。これはただ単純に資金供給が終了する、といったことのみではなく、ここまでやってもインフレ率（PCEコアデフレーター）は目安となる2％に届かない状態が続いていたからです（FFレートとPCEコアデフレーターの図を参照）。

2-5
オペレーションツイストと
マーケット

世間ではこの頃、FRBのバランスシート政策をすべて「QE」でひとくくりにする報道が相次ぎ、現在においても同じ傾向がみられます。しかしそのバランスシート政策の中身を改めて確認すれば、「量的緩和政策」とは違ったテクニカルな政策が含まれていることがわかります。そしてそれは、ドル円レートなどのマーケットに影響しているといっても過言ではありません。

▶▶ 革新的なバーナンキFRBのオペレーションツイスト2.0（MEP）

オペレーションツイスト2.0という政策（2011年9月公表）を簡単に説明すれば、短期国債を売却した資金で長期国債を買い取る政策です。結果として**QE-Liteと同じくFRBのバランスシートの大きさは変わりません。**

その政策の意図としては、エネルギー価格を含むコモディティ（生活必需品）といったマーケットに新規の資金が流入することを避け、消費者負担を抑えながら**長期金利の低下に焦点をあてること**でした。量的緩和と目的自体は同じなのですが、オペレーションツイスト2.0はマネタリーベースを増加させず国内の設備投資を刺激し景気を上向かせることを意図したものです。次の囲みは、政策決定箇所である第3パラグラフからの局所抜粋です。

FOMC statement [September 21, 2011]
The Committee intends to purchase, by the end of June 2012, $400 billion of Treasury securities with remaining maturities of 6 years to 30 years and to sell an equal amount of Treasury securities with remaining maturities of 3 years or less. This program should put downward pressure on longer-term interest rates and help make broader financial conditions more accommodative.

第2章　金融政策とマーケットの経路

2-5 オペレーションツイストとマーケット

> FOMCは、翌2012年6月末までに、期間3年以下の国債を4000億ドル売却し、6〜30年物（国債）を4000億ドル購入する（同規模）。このプログラムは**長期金利に下落圧力をかけ、金融環境をより緩和するのに役立つ**はず。（訳）

　このように、短期金利から長期金利へと焦点を移すことから、残存期間を延長するといった意味で、**オペレーションツイストはMEP＊と呼称されています**。つまり残存期間延長プログラムです。

　この頃は、**日本でも歴史的な円高が発生した時期**でした。先述したように、米国が07年より積極的な利下げを実施し、「ゼロ金利」に到達、さらに長期金利まで低下させるべくQE1・QE2含むLSAP（量的緩和政策）を実施したものですから、日米の金利差は開く一方で、日本の通貨当局はなす術がありませんでした。

　結果、**この時期のドル円レートは75円32銭という史上最高値をつけることになりました**。逆に米国側から考えると、ドル不安（ドル安）が発生し、短期資本流出の懸念が出ていた頃です。

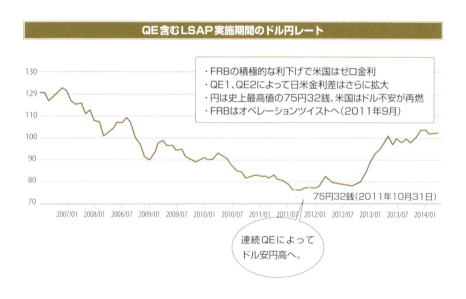

＊ **MEP**　Maturity Extension Programの略。

2-5 オペレーションツイストとマーケット

よってバーナンキFRBは諸々の事情からこのオペレーションツイストの実施を決断することになります。つまり、短期資金流出（ドル不安）を抑えるために期間3年以下の保有米国債4000億ドルを売却します（短期金利上昇）。そして、普通に考えれば、短期国債を売却すれば長期金利までの金利全般に波及する懸念が残りますが、そうなってしまうといままでやってきたQE1・QE2といった長期金利を抑制する政策意図が台無しになってしまいます。

よって、短期国債（4000億ドル）を売却しドル安（円高）を解消しながら、設備投資の勢いにブレーキをかけさせないために同額（4000億ドル）の長期国債を購入します。

これを民間企業の業績面から見ると前向きな政策になります。バランスシートは大きくなりませんが、長期金利を抑制する政策が維持され、設備投資にも積極的になれるからです。結果、株式は上昇します。

LSAP（大規模資産買取り）とNYダウ平均株価

バランスシートを拡大させず長期国債を増加させる政策へ。

エネルギー含む生活必需品（コモディティ価格）のマーケットへ資金を流入させず、消費者の負担を考慮し、景気刺激を模索、バランスシートの中でやりくりした、といった画期的な政策でした。

2-5　オペレーションツイストとマーケット

　なぜ、オペレーションツイスト2.0といわれるのかといえば、当然、過去にも同名の政策があるからです。初回のオペレーションツイストは第9代FRB議長であるウィリアム・マーティン・ジュニア氏（在任：1951年4月～1970年1月）の元で実施されました。

　彼は、ビルズオンリー政策やこのオペレーションツイスト政策によって、歴史に名を刻んだFRB議長です。その目的や政策意図、経済環境は違うものでしたが、バーナンキ議長によって「2.0」が実行されたのです。

　日本国内でもこのオペレーションツイストのことを「**ツイストオペ**」と略されることが多いですが、その政策意図や効果、発案の意図が報道されることはほとんどありませんでした。換言すれば、実態がわからないものだから過小評価されている、といった印象だけが残りました。長期国債の保有残高が増加するといった意味では量的緩和ですが、かといってバランスシートが大きくなる（マネタリーベースが増加する）というわけではありません。が、しかし株式は上昇します。

　この革新的な政策が正当に評価されていないのは残念なことです。

▶▶ 米国のリーマンショック、FRBの積極利下げは「日本にとっての円高」

　FRBが積極利下げをすれば日米金利差は急速に縮小し、ドル安円高になってしまいます。

　日本国内でも「リーマンショック」が何だったかといえば、具体的な話が一般的に報じられることはほとんどなく、「**日本にとってのリーマンショックは単なる円高だった**」**という印象**しか残されていないのが実情です。

　リーマンショックからの世界金融危機の発端となった米住宅ローン市場の崩壊の理由が資産担保証券（ABS＊）であったこと、CDO＊（債務担保証券）や**CDS**＊の話も出てくることはありません。RMBS＊（住宅ローン担保証券）やCMBS＊（商業不動産担保証券）もそうです。

＊ **ABS**　Asset Backed Securities の略。
＊ **CDO**　Collateralized Debt Obligation の略。
＊ **CDS**　Credit Default Swap の略。

2-5　オペレーションツイストとマーケット

このあたりの話は金融の世界の話で一般社会の話とは別物とされ、関心をもつ方は少なかったように思います。よって、QEやオペレーションツイストのような話も、ただ漠然と「量的緩和」とひとくくりにされ、「株価上昇」と報道されます。

複雑なので関心をもてないのは当然といえばそうなのですが、世界経済に「クラッシュ」が起こった原因を把握できないことには、その後の政策意図やその効果、特にマーケットインパクトがどれほどのものか、ということを事前に予期することはできません。

市場参加者の視点から見ると、過去に起こった出来事の理解に努め、今後に活かすことが重要になってくるように思えます。

第2章　金融政策とマーケットの経路

COLUMN　日米中銀が同じ緩和政策を発動しても異なる賃金上昇率

日本国内では、長らく「デフレ」（デフレーションの略）の状態にありました。

デフレとは物価全般が持続的に下落していくことで、物価全般が持続的に上昇していく「インフレ」（インフレーション）の反対語になります。

ここでの価格変動は、あくまで物価全般ということであり、特定の商品価格が上昇していくことではありません。つまり、経済全般が現在どうなっているのかを示す大事な指標であり、われわれ消費者の日常生活に直結する問題になります。

ひと昔前は「円安によって輸出品が増加し、賃金にそれが反映され日本株も上昇する」といった好循環が報じられ、「円安＝良いもの」といった印象がありましたが、現在は円安のたびに輸入品価格が上昇するので「円安＝悪いもの」といった印象に変わりました。

それは、円安による輸出産業の売上増加が経済全般に波及していたひと昔前と違い、輸出産業が海外に進出し、現地生産の方向に傾いたことで円安の好循環が減退してしまったことによります。

つまり、ひと昔前と違い賃金上昇に反映されにくくなった構造が露呈してしまっており、それを変革すべく日本の中央銀行にあたる日銀が、FRBと同様に大規模緩和を長期間やってきたのですが、なかなかうまくいきません。物価の上昇が賃金にスライドする米国と、そうでない日本とでは、国民性の違いといった根深い問題も関係しているように思えます。

＊ **RMBS**　Residential Mortgage-Backed Securitiesの略。
＊ **CMBS**　Commercial Mortgage-Backed Securitiesの略。

49

2-6
LSAPの最後のラウンド「QE3」

　複数のバランスシート政策を採ってきたバーナンキ議長ですが、「QE3」の声明文（2012年12月）からは経済の下振れリスクを懸念している様子がうかがえます。

　「このような状況なので、このような政策を打つ。そしてこうなるはず」といった決意の込められた声明文でしたが、マーケットはこれに反応し、長期金利低下見通しとともに経済もいっそうの改善をみせていきます。

▶▶ 長期間にわたったLSAP。QE3という最後のラウンド

　2008年11月に始まったLSAPですが、QE1からオペレーションツイスト2.0まであらゆる政策を実行しても、インフレ率（PCEコアデフレーター）は、目途となる2%安定という目標を達成することができません。目標は株価ではなくインフレ率の上昇と雇用の最大化なのです。

　そこで2012年6月のFOMCでは、オペレーションツイストを12月末まで延長することを決定します。さらに3ヵ月後の**2012年9月には、エージェンシーMBSを月額400億ドル購入**することを決定、そして**12月12日には長期国債を月額450億ドル購入**することを決めました。

　この2段階の政策をまとめて「QE3」とする媒体がほとんどですが、後者のみを「QE3」と呼ぶ市場関係者もいます。このあたりは正直、曖昧な形になっていますが、どちらもLSAPという意味では同じ枠組みに入ります。

　2012年12月の声明文には、これらをいつまで購入するのか、という明確な期限の文言はありませんでした。**インフレ率を含むマクロ経済指標が目途となる水準まで上昇してこない**というのがその理由になります。

2-6 LSAPの最後のラウンド「QE3」

次の囲みは2012年12月のFOMC声明文ですが、FRBは打てる手をすべて打つ、といった、いわゆる総力戦に出てきました。失業率は依然として高く、インフレの下振れリスクと戦い住宅市場を支え、企業の設備投資を促進するためです。インフレファイターとして名を馳せたボルカー議長とまったく逆の政策で、**バーナンキ議長はデフレファイター**だったといえるかもしれません。

囲み内に示したのは、なりふり構わず、といった政策すべてが公表された第3パラグラフです。

Federal Reserve issues FOMC statement [December 12, 2012]

.. To support a stronger economic recovery and to help ensure that inflation, over time, is at the rate most consistent with its dual mandate, the Committee will continue purchasing additional agency mortgage-backed securities at a pace of $40 billion per month. The Committee also will purchase longer-term Treasury securities after its program to extend the average maturity of its holdings of Treasury securities is completed at the end of the year, initially at a pace of $45 billion per month. The Committee is maintaining its existing policy of reinvesting principal payments from its holdings of agency debt and agency mortgage-backed securities in agency mortgage-backed securities and, in January, will resume rolling over maturing Treasury securities at auction. Taken together, these actions should maintain downward pressure on longer-term interest rates, support mortgage markets, and help to make broader financial conditions more accommodative.

強い経済回復を支援し、インフレ率が（FRBの）2大責務に最も一致する水準で推移することを確実にするため、FOMCは引き続きエージェンシーMBSを月400億ドルのペースで購入する。FOMCはまた、延長したMEP（オペレーションツイスト2.0）が年末に終了したのち、長期国債を最初は月450億ドルのペースで購入していく。

第2章 金融政策とマーケットの経路

2-6 LSAPの最後のラウンド「QE3」

> そして、保有するエージェンシー債およびエージェンシーMBSの償還分をエージェンシーMBSに再投資する既存の政策を維持し、1月には償還を迎える米国債の再投資（ロールオーバー）を再開する。総じて、**これらの措置は長期金利の下落圧力を維持**し、住宅市場を支え、広範囲にわたる金融環境をより緩和的にする手助けとなるはず。（訳）

大まかな流れとしては次図のとおりです。

　訳文中の「保有するエージェンシー債およびエージェンシーMBSの償還分をエージェンシーMBSに再投資する既存の政策を維持」というのは2011年9月27日に終了したQE-Liteの後継政策で、再投資先が長期国債ではなくエージェンシー債になっていた政策のことを指して*います。

＊～指して　参考：2011年9月のFOMC声明文および2011年9月のNY連銀詳細リリース「Statement Regarding Maturity Extension Program and Agency Security Reinvestments」

2-6 LSAPの最後のラウンド「QE3」

そして、新規に長期国債を購入するのと同時に、償還を迎える米国債の再投資（ロールオーバー）を再開するとのことで、文末にあるように、目的はやはり**長期金利の低下**になります。いわば購入期限を決めない総力戦に打って出たのです。その決意はマーケットに波及し、株式はさらに伸びていきました（前ページ図）。

▶▶「セロ金利維持」における数値基準の導入

さらには、パウエルFRB（2018年2月〜）およびその前任のイエレン議長の政策運営下ではみられない**強力なフォワードガイダンス**が、第5パラグラフで明確にされました。

QE3の購入期限は明確にされませんでしたが、「**失業率が少なくとも6.5%以上の状態にあり、物価上昇率（PCEデフレーター）が2.5%を上回らない限りにおいて、例外的な低金利（0.0〜0.25%）は維持される**」というように、「ゼロ金利」の期限を日付ではなく特定の条件下の枠組みとして明確にしたのです。

換言すれば、2%という機械的なルールで政策運営を行うのではなく、フレームワークとして裁量を働かせるといった柔軟なスタンスを明記したことになります。

▶▶ 2012年12月FOMC声明文はその後の声明文のベンチマーク

少々余談になりますが、バーナンキ議長は、これらの政策はLSAPであり、QE（量的緩和）の部分については「量的緩和ではなく信用緩和（QEではなく**CE**＊）」だと繰り返し明言していました。量を緩和しているのではなく信用状況を緩和するために長期国債を購入しているので、当初専門家の間で「CE」というワードが流通していたことを思い出します。

声明文（第3パラグラフ）の最後にあるように、諸々の金利の低下が経済を好転させるといった決意が見てとれ、マーケットもこれに反応して、経済は金融危機から脱出の兆しをみせていきます。

次の図から、FRBがエージェンシーMBSと長期国債を購入することによって、実際に住宅ローン金利が低下し、激減していた住宅着工件数が改善していることが見てとれます。大幅に高くなっていた失業率も明らかな低下をみせ、株式のモメンタムも「FRBの総力戦」を受けて勢いが増していきました。

＊ **CE** Credit Easing の略。

2-6 LSAPの最後のラウンド「QE3」

失業率、住宅ローン30年固定金利、住宅着工件数

2012年12月のFOMC声明文とマーケットの動きは、その後の声明文を見る**実質的な指標になった**といえます。この声明文・段落をサンプルとしてマーケットと照合する作用が無意識のうちに確立された、といっても過言ではないと思います。

実際にはそのときの経済環境や政策内容次第なのですが、**「QEで株価上昇」**のベンチマークとなった**声明文**だといえます。

第3章
FRBが基準とする指標

　金融政策の中心は公開市場操作（OMO）で、レポなのかアウトライトなのかといった区分けがあることをお伝えしてきました。

　政策当局が何をどう観察し、どうやってその取引を実施するのか——。多くの経済指標がありますが、FRBが政策の根拠としている経済指標を見ていきましょう。

3-1
インフレ指標として採用された
PCEデフレーター

FRBの2大責務は雇用の最大化と物価の安定です。あくまでこれらを前提として金融政策が存在しているといっても過言ではありません。物価が継続的に上昇することをインフレーションといいますが、どのくらい継続的に上昇すればインフレというのかといえば、その期間が決まっているわけではありません。そこで導入されたのが、インフレターゲットの2.0%という水準になります。

▶▶ インフレターゲットを導入したバーナンキ議長

2012年12月のFOMC声明文ではFRBが総力戦に打って出た、と前章でお伝えしました。この年は金融政策当局としても様々な試行を実践しましたが、政策の中心となった量的政策とはまた別に、その基準となる経済指標、特に**インフレ指標の目標水準を「2.0%」に定め**、国民に伝えたのです (2012年1月25日)。

この出来事によって、世界中の市場参加者の視線がそれまで以上にFRBに集中したのは間違いありません。なぜなら、インフレ率が2%以上であれば「緊縮的な政策を採るのではないか」となりますし、2%未満であれば「拡張的な政策に転換するのではないか」と瞬時に反応するからです。そして**翌日のマーケットにはそれが反映されます**。

基本的に市場参加者は、次に示す流れで経済指標を瞬時に捉える思考パターンが習慣化しています。

---

① 「マーケット (株価・為替・債券・商品) はどうなるのか」
② 「FRBは何をするのか」
③ 「FRBは何を見ているのか」
④ 「FRBが見ている指標はどうなるのか」

インフレ指標に採用された「PCEデフレーター」

　インフレ指標には数多くの指標がありますが、**FRBはそのときの経済・金融環境において重視するインフレ指標を使い分けている**のが実情です。2012年1月には、FRBの政策基準として「PCEデフレーター」がインフレ目標に採用されました。

　それ以前には、価格変動の大きいエネルギー価格と食品価格を除いた「PCEコアデフレーター」がFRBのインフレ指標としてふさわしい、とされていました。2025年現在においてもそうです。しかしインタゲ（インフレターゲット2%）を公表したこの時期には、エネルギー価格や食品価格が上昇し続けており、実際に消費者はその対価を支払わなければなりませんでした。

　インフレ指標についてまわる議論として、変動の大きいエネルギー・生鮮食品を除いた「コア値」を用いるべき、といったものがあります。しかしこれも、そのときの経済情勢に応じて決めるのが正しいと感じます。

　何らかの一時的な事情によってエネルギーや食品価格が跳ね上がったとすれば、金融政策のインフレ指標として「PCEデフレーター（総合値）」を用いるべきではありません。しかし逆に、景気の上昇や金融政策の資金供給を通じた価格上昇なのであれば、需要増加を伴う価格上昇としてインフレ指標に用いるのは適当であると感じます。次の囲みは、FRBがPCEデフレーターを採用したときのリリースです。

Federal Reserve issues FOMC statement of longer-run goals and policy strategy [January 25, 2012]

.. The Committee judges that inflation at the rate of 2 percent, as measured by the annual change in **the price index for personal consumption expenditures**, is most consistent over the longer run with the Federal Reserve's statutory mandate.

　FOMCはPCEデフレーター（前年比）の2%が連邦準備の法定責務に最も一致するものと考えている、といった文言です。

3-1 インフレ指標として採用されたPCEデフレーター

バーナンキFRBは当時の情勢をもってPCEデフレーターという総合値を用いました。マーケット関係者はこれによって、米商務省が毎月末に公表している当指標を真っ先に確認するようになります。

「PCEデフレーターの前年比2%」が、前月公表の数値から上昇しているのか、または下落しているのか。上昇していれば緊縮政策は継続される、下落していれば政策が軟化するのではないか、といった具合です。

▶▶ 消費者物価指数CPI*

PCEデフレーターと同様の指標としてCPIが注目されます。FRBがインフレ指標としてPCEインフレを採用しているにもかかわらず、米労働省が公表するCPI（消費者物価指数）が市場から注目されるのは、**ただ単純に月における公表時期が早いから**です。

これはマーケットの「常に先を急ぐ」といった性質が反映されているだけで、指標の内容では語れないところです。「CPIが先月と比較してこうなったのだから、PCEもそうなるだろう」といった心理が働いているのは、現場の人であれば感じるところではないでしょうか。

多くのテキストには、「CPIは都心部を中心とした調査で振れ幅が大きく、全米調査ではPCEに劣る」「（CPIは）住宅関連のウエイトが高く、基準年があるため、（PCEと比較した場合）消費者による新製品や廉価品などへの購買意欲が反映されていない」と説明されています。

CPI公表時にマーケットは反応しますが、結局のところ、月末のPCEによってFRBの金融政策は変化するので、マーケットの動きもそれに傾斜していく、といった作用が働いているといっても過言ではありません。それ（その振れ幅）を利用する市場参加者も実際に存在しているのが実情だといえるでしょう。

いずれにしても、2012年1月にバーナンキFRBがインフレターゲット（2%）を公にしたことで、市場参加者は**常にPCEデフレーターを確認**し、金融政策とマーケットの関係に対する理解が深まったといえます。日本においても「PCEデフレーター」が大きく報道されるようになったのはこの頃からだった、という印象をもっています。

3-1 インフレ指標として採用されたPCEデフレーター

▶▶ 金融政策で最も重視される「物価の安定」の意味

インフレを要因によって分けるとき、よく挙げられるのは、①消費者の需要によって物価が押し上げられるディマンドプルインフレ、②海外からの原材料価格の上昇や円安によって発生するコストプッシュインフレ、の2つです。①の中には賃金プッシュインフレが含まれ、②は輸入インフレともいわれています。

そして、金融政策自体がインフレを起こしてしまうといったものがありますが、バーナンキ時代のようにインフレ率が低下しデフレの脅威を目前にすると、政策は当然ながら拡張的（緩和的）になります。拡張的になれば利回り低下とともに通貨価値が下がり、相対的に物価が上昇するといったものです。

さらには、国民自身が増税を望まないので、人気を得たい政権は財政拡張を起こしがちであり、それがまたインフレの原因となってしまいます。

「中央銀行の独立性」が掲げられているのは、政権が人気を得たいがために緩和的な政策を押し付けるといった危険性があるためですが、それによってインフレが起こってしまうと今度は人気をなくし、政権はその座を失うことにつながります。

かといって逆に、金利を引き上げるといった緊縮的な政策を押し付けてしまえば景気は下振れして失業者が増加し、政権の座は危うくなってしまいます。

つまり景気というものは極端に良い状態ではなく、**そこそこ良い状態を維持するのが望ましく、物価も長期安定が理想的**なのです。

▶▶ 散見されるグリードフレーション（Greedflation）という悪性インフレ

そういう中、昨今問題になっているのは**グリードフレーション（Greedflation）**といわれるもので、「強欲なインフレ」です。

「原材料価格が上がっている」という建前の下に、日本国内においても各業界で便乗値上げが目立つことがあります。売上増加とともに賃金にスライドできれば批判は起こりませんが、そのようなスライド制の話も日本では出てきません。実際問題として、**原材料価格も天井知らずに上がりっぱなしではない**のです。

3-1 インフレ指標として採用されたPCEデフレーター

　特に、石油業界（ガソリン価格）や公共料金（電気代）などでこのグリードフレーションが起こってしまえば、あらゆる企業は価格転嫁せざるを得なくなるので、やはり広範囲なインフレが発生してしまいます。

　国内においては「円安」「原材料価格」だけでインフレが起こっているわけではない、ということを考慮する必要があるのではないでしょうか。このことは、一般消費者ならびに日本経済にとって非常に重要なので、金融政策を運営する中央銀行が分析し、強いアナウンスを発信してもよいように思われます。

COLUMN　中央銀行の「金融システムの安定化」といった実際の責務

　日銀の金融政策の目的は「物価の安定」を図ることと「金融システムの安定」に貢献することです。米FRBの金融政策の目的は「物価の安定」と「雇用の最大化」とされていますが、実質的にはその役割は多岐にわたり、日銀同様、「金融システムの安定」も実際の責務になっています。

　株価や債券価格、エネルギー価格が乱高下するような場合には、何とかその動きを止めるよう「アナウンス」を強化します。

　よく、日本で円安一方に触れた場合には日銀が「急激な円安を注視する」といった「口先介入」を発信しますが、米国のFRBも同様にアナウンス強化を怠りません。

　世界中の中央銀行にとって、「金融システムの安定化」というのは欠かせないものになっており、無視できない現象なのです。

　日本では新NISAが活発化し始めました。それを考えれば特にそうで、日銀が市場の乱高下を抑制しない限り、一般国民の所得も資産運用によって増減してしまいます。

　FRBは金融システムの乱高下抑制のためのノウハウを年々進化させていますが、日銀もFRBのようにアナウンスをいっそう強化していけば、そのプレゼンスはさらに高まり、国民の資産運用にも大きな影響を与える存在になっていくものと思われます。

3-2
「雇用の最大化」の捉え方①
－雇用者数と失業率－

雇用の最大化が責務とされているFRBですが、雇用のデータというのは様々です。
インフレターゲットのように明確な数値基準があるわけではないので、多くの指標から雇用の状況を判断しなくてはいけない、といった難しさがあります。

▶▶ 雇用情勢について

米国の雇用情勢の主要なデータは、米労働省が毎月発表する「米雇用統計(The Current Employment Statistics)」です。

その中で中心となるのは、①失業率(Unemployment Rate)、②非農業部門雇用者数(Nonfarm Payrolls)、③労働参加率(Labour force participation rate)、④平均時給上昇率(Average Hourly Earnings)です。

マーケットの世界では、PCEインフレやCPIインフレと並んで注目される「雇用統計」ですが、どちらかといえば**雇用統計が最も注目される統計**といっても過言ではありません。

FRBはどちらの統計も重視していますが、インフレ統計と比較した場合、雇用統計の方はその振れ幅が大きくサプライズが発生することもあるからです。

米労働省労働統計局(BLS:Bureau of Labor Statistics)が毎月公表するこの統計は、「調査月の12日を含む週の労働調査」を中心にデータをとり、12日を含む週の終了から3週目の金曜日に第一次速報値として公表されます。

よって、月はじめの第一金曜日に先月分として公表される傾向にありますが、月によってはその月の速報値として公表されることもあります。最初の段階で、調査票の回収率が高ければ、翌月に公表される改定値との乖離は小さくなり、また回収率が低ければ翌月公表の改定値との乖離は大きくなる傾向にあります。

第3章 FRBが基準とする指標

61

3-2 「雇用の最大化」の捉え方①

　また天候不順やクリスマス商戦などが毎月公表される雇用統計の流れに「ノイズ」(不規則な要素) を起こすことがあり、基本的には3ヵ月平均で観察することが重要になってきます。しかしマーケットにおいては3ヵ月平均が重視されている、といった傾向は少なく、さらには正確な改定値があとから公表されるにもかかわらず、**最初の速報値のみに市場参加者の視点は集中する**傾向があります。

　乖離の小さな改定値に市場参加者が何らかの反応をみせることはありませんが、**2024年8月21日に米労働統計局が公表した年次改定 (暫定値)** によって、年間の雇用者数が約81万8000人分だけに大幅下方修正され、これがパウエルFRBの政策方針を変えてしまった、ということがありました。当然、市場参加者はFRBの方針に反応を示すので、雇用統計のあり方自体を問う声が波紋のように広がったのです。

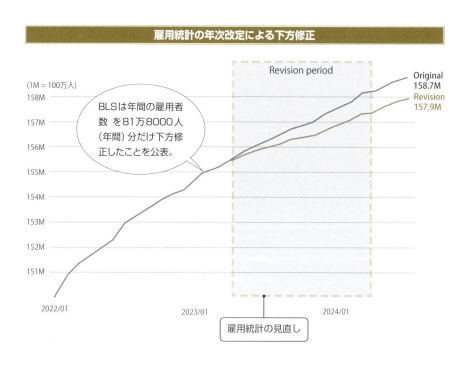

雇用統計の年次改定による下方修正

81万8000人ということは、雇用者数が月々約6万8000人上乗せされていたわけで、順調に増加しつつあると思われた雇用者数が実は冷え込んでいた、という解釈につながりました。これを受けたパウエル議長は「全力で雇用を支える」と明言し、市場参加者は翌月のFOMCで「25bp（0.25％）」の利下げ幅（予想）から「50bp（0.5％）」の利下げ幅（予想）を織り込んだ投資戦略に変更せざるを得なくなりました。

物価上昇率と失業率におけるトレードオフの話

3-1節でお伝えした物価安定の重要性の話と類似の内容になるかもしれませんが、景気を刺激するべく緩和的な政策を実行すれば、過熱する恐れが出てきてインフレが発生します。

縦軸を物価上昇率（名目賃金上昇率）とし、横軸を失業率としたグラフ（フィリップス曲線、次図参照）が、物価（インフレ）と失業率（雇用）の関係を表した図として有名ですが、今日では「短期的なトレードオフの関係にある」といった位置付けになっています。

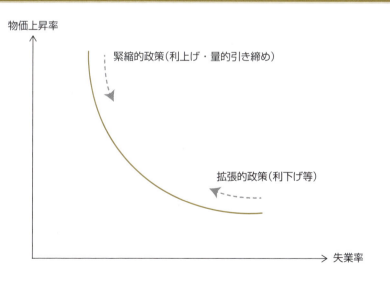

インフレと雇用は両立しないという仮説（トレードオフ）

3-2 「雇用の最大化」の捉え方①

　金融政策の判断材料になっているといった話がありますが、デフレにもかかわらず低失業率であったり、悪性インフレ（コストプッシュインフレ等）の中でも高失業率だったりと、図のようなトレードオフの関係にはならないケースも多いです。

　ただ、パウエルFRBの2024年下半期のように雇用を支えるために利下げを連発してしまうと、インフレ率がなかなか下がってこない、というトレードオフの関係が成立してしまっているケースがあるのも実情です。

　このように、物価の安定と雇用の最大化といった責務の両立が難しい局面において、FRBは時間軸をもって調整してきました。要するに、**両立を成功させるために政策の時間軸を短期から中期、長期にシフトする**のです。

　「一定程度のインフレを容認し、雇用の増大を図る」あるいは「金融政策で雇用の増大を図り、財政政策で消費者の支出を抑え物価の安定を担う」など、ポリシーミックスをもって工夫を凝らす、といった考え方も存在します。

3-3
「雇用の最大化」の捉え方②
－労働参加率と時給動向－

　多くの指標から雇用の状況を判断しなくてはいけませんが、データというものにはカラクリが存在しており、時代や労働環境の変化とともに額面上の数値や１つの統計のみを見ることがなくなってきました。市場参加者には大変な状況ですが、「雇用」を見るときには特にそうだといえます。

▶▶ 悪い失業率の低下

　労働市場の状況を見る基本として、失業率を見ることは当然ですが、その数値自体を鵜呑みにするのではなく、失業率の構造を知ることが重要になってきます。まず失業率の計算は次式のとおりです。

$$失業率 = \frac{失業者数}{労働力人口} \times 100（\%）$$

　分母となる労働力人口（Civilian labor force）というのは、16歳以上の人口から軍人や施設収容されている人たちを除いた人数のうち、就業者と求職者の合計になります。つまり、**16歳以上の就業者と求職者のこと**を指しています。

　過去４週以内に求職活動をしていた人たちが失業者とされているので、就業を諦めてしまった人たちが増加すれば、労働力人口も失業者数も減少し、結果として失業率は低下します。よって、就業を諦めてしまった人たちの増加によって失業率が低下すればそれは「悪い失業率の低下」となってしまいます。

第3章　ＦＲＢが基準とする指標

3-3 「雇用の最大化」の捉え方②

労働参加率

　労働参加率とは、生産年齢人口（16歳以上の人口）に占める労働力人口の割合になります。よって、失業率が低下したとしても労働参加率が低下していれば失業率の低下を前向きに捉えることはできません。一時期には、失業率の数値低下によって金利が上昇しドル高になったり株式が上昇するケースがありましたが、昨今ではこのような認識が広がっているために単調な値動きにはならない傾向にあります。

　特にパウエル議長は過去の講演の中で、この労働参加率の中でも**25歳から54歳までの年齢層を「prime-age group of 25 to 54」（働き盛りの中心世代）**とし、雇用環境の改善を図る際の軸としてたびたび言及する場面がありました。

コロナ危機以前と以降の平均時給上昇率（前年同月比）と中心世代の労働参加率

3-3 「雇用の最大化」の捉え方②

パンデミック時における労働参加率

その中心世代の労働参加率ですが、コロナパンデミックの前後では明確な違いが見られました。危機が去った後の経済再開とともに上昇した賃金に飛び付く形で急激な上昇を見せ始めたのです。**賃金高騰の原因は人手不足**にあるのですが、25-54歳労働参加率も上昇を続けていることが確認できます。

これは、労働力人口がコロナ前と比較し2024年には300万人以上増加していることに起因しているのですが、その内訳を見ると海外出身の米国籍取得者や長期滞在者の労働力人口はほとんど変化していません。米国出身の労働者に至っては逆に減少しており、これが何を表しているのかといえば**不法移民労働者の急増**です。パンデミック時には、このようなデータの歪み（中身の変化）も発生し、金融当局にも混乱が生じたのです。

不法移民の強制送還とインフレ再燃

つまり、不法移民労働者はコロナパンデミックからの米国の景気回復に寄与してきたわけですが、2025年現在、第2次トランプ政権は不法移民の大規模な強制送還を公約としており、1000万人以上とされる不法移民を強制送還させるとなれば、人手不足が解消されつつある米国に巻き戻しが起こり、**人手不足とともに賃金が物価を上昇させる賃金プッシュインフレの懸念**が生じてきます。

そうなってしまえばFRBは再度の利上げに転じるしかなくなり、第2次トランプ政権の思惑とは裏腹に、景気にブレーキをかけてしまうことも考えられます。

アトランタ連銀の賃金トラッカー

なお、所得の状況を把握するにあたって、先述のような民間部門の平均賃金上昇率（米労働省）が広く認知されていますが、**FRBがより注目しているのはアトランタ連銀の賃金調査**になります。

第3章 ＦＲＢが基準とする指標

67

3-3 「雇用の最大化」の捉え方②

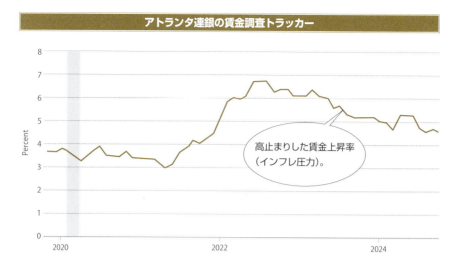

アトランタ連銀の賃金調査トラッカー

高止まりした賃金上昇率（インフレ圧力）。

　この賃金成長トラッカーと呼ばれる調査は、前年同月比で個人の時給の中央値がどれほど変化しているかを3ヵ月平均で表しています。中央値の変化率を3ヵ月平均でとっていることから、賃金状況の変化を見るうえでコアな指標といっても過言ではありません。

3-4
議長のカリスマ性が影響する「雇用の最大化」という見方

米国の雇用情勢を見る場合は移民政策とその影響を考慮しなければならないとお伝えしましたが、移民政策についてはFRBの権限下ではありません。よって、あくまで政権の方針をサポートする形で、雇用や物価の責務を果たすことになります。

▶▶ 生産インフレと労働市場の逼迫(ひっぱく)

　FRBが公表するものの中に、設備稼働率という指標があります。FRB自身が公表していることから、金融政策の判断材料となる重要な指標です。

　設備稼働率は米国の製造業・鉱業・公共事業の生産能力に対する実際の生産量を100分率で表したものですが、ここの数値からわかるのは、今後の求人・賃金・企業の設備投資やインフレの動向です（次図は設備稼働率とPCEデフレーターの推移です）。

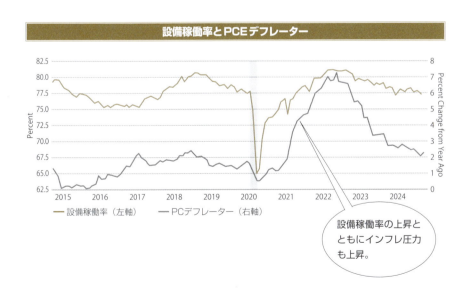

設備稼働率の上昇とともにインフレ圧力も上昇。

実際の生産能力は測定が困難といわれており、先進各国においては**80%に到達すれば生産能力の上限に達している**とみなされています。

この数値は他の指標と合わせて見た場合、様々な先行指標となり得るので、**FRBが重宝している指標**といっても過言ではありません。例えば、労働省が公表する雇用統計の中に週平均労働時間がありますが、労働時間が長くなり、設備稼働率が上昇してくると、求人が増加し新規の設備投資も増加する傾向にあります。

結果、賃金も上昇し景気上昇の先行指標になるわけですが、これを政策の視点で考えると、**79%に到達した時点で「引き締め」(利上げ) をスタートさせるといった考えも実際に存在**します。景気の過熱を抑えるためです。

この指標は賃金動向と平均週労働時間、そして設備投資や失業率、労働参加率などと並行して見ることが有効ですが、景気のトレンドをつかむうえでの中核指標だといえるでしょう。全体が上昇していればドル買いですし、下がっていけばドルは売られる傾向にあります。

▶▶ 単独指標のみで雇用環境を把握することはできないという現実

14代FRB議長のバーナンキ氏と16代FRB議長のパウエル氏の間に、15代FRB議長としてイエレン氏が在任していた期間がありました。当初は労働市場が専門ということで注目されていたイエレン議長でしたが、その在任期間は異例の1期4年でした。これは、当時のトランプ大統領から実質的に解任されたことを意味しています。

前任者のバーナンキ議長が「出口戦略」を公言したことによって、その政策を踏襲することを目的とし、結果、自身の能力を発揮できずに終わったと言い換えることができるかもしれません。そのイエレン氏は労働市場対策として「イエレンダッシュボード」といわれた雇用関連のいくつかの経済指標を公表していましたが、もともと雇用統計で公表される各々の指標自体が遅行指標であるために、マーケットはそれら1つ1つの公表に反応することはほとんどありませんでした。

特に退職率 (Quits rate)、求人率 (Job openings rate)、採用率 (Hires rate)、解雇率 (Layoffs and discharges rate) 等は他の指標と照らし合わせて捉えなければいけないため、単独の数値をどう捉えてよいのか解釈自体が困難でした。

3-4　議長のカリスマ性が影響する「雇用の最大化」という見方

このように、議長自身の中では考え方の筋道があるのかもしれませんが、それを
マーケットに説明できない限り意味はありません。彼女は「労働市場のスラック」
（労働市場における需給の緩み）という言葉を残しましたが、労働市場がどのように
変化していくのか、明確に答えることができず、彼女自身の言葉が自らを苦しめて
いたように感じます。

▶▶ 週間新規失業保険申請件数の盲点

また、イエレンダッシュボードとは別の統計の話になりますが、有名な指標とし
て週間新規失業保険申請件数というものがあります。同統計が目安となる数値を上
回れば、雇用者数が減少するといった考えがありますが、これもまた、「失業者全体
のうち、失業保険を申請する人は50〜60%」というデータもあり、**全員が申請す
るわけではないことから、統計以上に雇用市場が悪化している可能性が高い**ことに
は留意が必要です。

「祭日を挟んだ悪天候によって申請に出向かない」といった要素があるからこそ、
低い申請率になっているのですが、このような細かい事情が多々あるため、**実際の
状況は発表される雇用データより悪い、と解釈するのが昨今では定説**となってきて
います。

ではどうすればいいのか？　というと、この指標でいえば4週移動平均を見て大
きな流れをつかむことが重要だと思われます。

3-5
雇用形態別で見る景気の波

雇用関連の統計は遅行指標として有名ですが、マーケットでは先行指標としての側面が強く、「雇用統計」が一斉に注目されます。これは、景気のサイクルで見た場合、遅行といわれる雇用や所得の結果が次の需要を生み出すからです。

▶▶ 景気のサイクル

　景気の良し悪しというのは人によって感じ方は違いますし、数値上の定義というものもありません。雇用が増加しているから景気が良いのかといえばそうとは言い切れない面もありますし、株価が上昇している局面で「好景気」といわれることもあります。

　しかし、雇用とともに給与や可処分所得が増加すれば、需要の増加が見込まれます。「遅行指標」といわれる雇用が増加することで消費が拡大し需要が増加します。そうなると、企業の生産活動が上向きになり設備投資につながります。

▶▶ フルタイマーとパートタイマーで見る米景気サイクルの波

　そのようにして企業の利益は増加します。そののちに雇用増加や所得の増加につながるわけですから、（雇用関連の統計は）遅行指標といわれるのですが、景気のサイクルで見た場合、**雇用が増加しないことにはスタート地点の消費や需要が増加しない**ので、結局のところマーケットでは雇用統計が重視されることになります。

　これを雇用形態別で見た場合、フルタイマーが増加すると好景気の安定期に差しかかりますし、逆にフルタイマーが減少しパートタイマーが増加していけば景気後退のシグナルと考えることができます。

　フルタイマーとパートタイマーの明確な定義は存在せず、雇用主の任意で区分けすることになっていますが、米労働省 (U.S. Department of Labor) では労働者がフルタイマーなのかパートタイマーなのかを週の労働時間 (35時間以上か未満か) で区分し、1968年から調査を続けています。

3-5 雇用形態別で見る景気の波

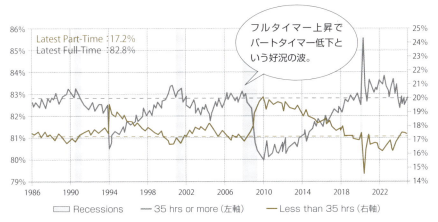

フルタイマーとパートタイマーの相関図

出典：Seasonally adjustedより

　景気のサイクルからいえば、当然、フルタイマーとパートタイマーの人口は相関関係にあたり、景気の後退期と回復期にはそのトレンドがクロスすることになります。

　フルタイマーの人口が拡大期にあたるときには景気回復、あるいは景気の過熱を表していますし、パートタイマーの人口が緩やかに増加しているときには金融政策との兼ね合いで景気にブレーキがかかっている可能性があります。要は毎月発表される「労働形態別人口」も見逃せない先行指標といえるかもしれない、ということになります。

3-6
住宅市場と金融政策

　米国の住宅市場の状況は、消費者向け耐久消費財の生産・売上に直結するので景気に大きく影響します。ここでの説明に関しては、筆者の別著『最新為替の基本とカラクリがよ～くわかる本』(初版2013年) の内容と一部重複しますがご容赦ください。それほど時代の変化に左右されない重要なカテゴリーだといえます。

▶▶ 家を買うことの意味

　住宅購入が活発化すれば、それに伴う家具・家電といった耐久消費財の売れ行き拡大につながります。米国の自動車社会を考えると自動車購入にもつながり、総じて住宅購入の拡大はいつの時代にも景気の拡大に直結している重要な指標になります。米国では特にそうだといえます。

▶▶ 住宅着工件数と金融政策

　米商務省センサス局が調査の翌月第3週に公表する住宅着工件数は、住宅市場の指標におけるベンチマークといえるでしょう。

　形態別 (戸建て・集合住宅) と地域別 (北東部・中西部・南部・西部) が公表されます。それに先立つ住宅許可件数というものがありますが、許可を出しても実際に着工されるとは限らず、天候不順や金利動向などで建設業者は着工を控えるので、先行指標として報道されているものの厳密にいえば着工件数ではありません。

　あくまで、実際に着工が始まった着工件数が**FRBの金融政策にとっては重要な指標**だといえます。

▶▶ 景気後退期における住宅市場と金融政策

繰り返し述べてきたように、景気後退期には**FRBは長期国債とエージェンシーMBSを購入し、住宅市場および経済全般を支えます**。住宅ローン金利を低下させ新築・中古物件問わず住宅購入の拡大を図り、それに伴う家具・家電といった耐久消費財、あるいは自動車販売まで波及させるといった「トリクルダウン（浸透）」の意図が明確です。建設業はもとより鉱業・製造業・耐久財・自動車および部品の需要拡大、といった流れです。

長期国債の購入が世の中の諸々の長期金利を低下させるので、住宅ローンや家具家電、自動車ローンなどの金利も低下し、経済の回復を大きくサポートすることになります。

よって量的緩和政策（QE／アウトライト取引）が活発になれば株式は即座に反応し、上昇トレンドに入っていくのが一般的です。為替市場では米国の金利が低くなるのでドル安の動きになります（日本は円高）。

米住宅ローン金利と米着工件数

3-6 住宅市場と金融政策

▶▶ 景気過熱期（物価高）における住宅市場とマーケット

　逆に景気の過熱を抑えるときには金利を引き上げ米国債やエージェンシーMBS等、購入していた資産を償還または売却する、といった緊縮政策を実行します。

　前ページの図では、2007年からの住宅バブルの崩壊を支えるべく、LSAP（大規模資産買取り）がスタートしました。住宅ローン金利低下とともに住宅着工を回復させていることがわかります。

　2022年からは物価高が発生したことによって金利引き上げやQT（量的引き締め）が実施され、それとともに住宅ローン金利は上昇し、着工件数が抑制されているのがわかります。マーケットは米国の金利上昇とともにドル高になり、株式は下落しました。しかしその後、株式等のリスク資産が下落の一途とならないようFRBは他の政策やアナウンスメントを駆使しました。

　混乱の中で、市場参加者にとっては大変な年になってしまいました。

第**4**章

マーケットが頼りにする経済の先行ツール

市場参加者は、FRBの金融政策を経由した経済の先の見通しを立て、常に先を急いで投資戦略を築き、ポジション取りにいきます。情報発信する金融当局ですら、マーケットとの取り組み方に工夫を凝らしており、それら市場参加者向けに可能な限り正確な情報を提供しようとしています。

4-1
シカゴマーカンタイル（CME）の「FEDウォッチ」

市場参加者は、次回のFOMCにおいて政策がどうなるのかを常に探っています。

利上げ・利下げ・据え置きなど、この確率を事前に知ることができれば、ポジション調整においてこれほど楽なことはありません。

▶▶ 今後のFOMCで政策金利を変更する可能性を示した指標

いままでの話を総括すれば、FRBが引き締め政策を実行するのか、緩和的な政策を実行するのか、よりいっそう早く知ることができればポジション調整は楽になる、といった話になります。

そういう中、「次のFOMCでは金利変動の確率は何％？」といった疑問に答えてくれるのが、シカゴ・マーカンタイル取引所（CME＊）グループが公表している「**FEDウォッチ**（Feb Watch Tool）」になります。

金融政策動向の市場見通しを反映する30日物FF金利先物の価格データに基づき算出されており、近年急速に注目され始めたツールです。

金利変動のみならず、その上げ幅・下げ幅、または「据え置き」などそれぞれの確率も算出されており、FOMC前にその確率変動を確認できるといった高い利便性からも、市場参加者から重宝されているツールだといえます。

FRB議長のアナウンスやインフレ指標・雇用統計といった指標と照らし合わせながら見ていくと、政策決定までの流れも感覚的につかむことができるので、そういう意味では可能な限り目を通した方がいいかもしれません。

さらにこのツールは、FOMC参加者が将来的な政策金利を予想したドットプロットも表示することが可能となっています。

FEDウォッチの細かい仕組みや計算方法が議論されることは少なく、市場参加者としては「利上げ・利下げ・据え置き」が**現時点でどのような確率になっているのか、ということをサッと見ることが有効**だといえます。FOMC前1週間から10日ほどの期間、その推移を見ることに意義があります。

＊ **CME** Chicago Mercantile Exchange の略。

4-1　シカゴマーカンタイル（CME）の「FEDウォッチ」

　このツールの（利上げ・利下げ・据え置き）予想確率がFOMC直前において80％以上を超えていれば、そのままFOMCで実行される可能性が高いので、事前に自身のポートフォリオの調整に役立つのが特徴です（FEDウォッチのサイトのURLは次図の出典表示のとおりです）。

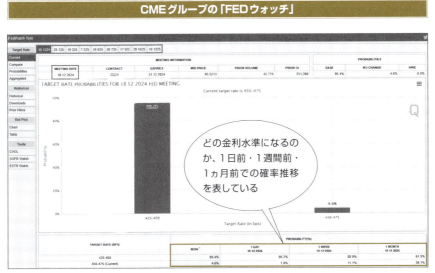

CMEグループの「FEDウォッチ」

出典：https://www.cmegroup.com/markets/interest-rates/cme-fedwatch-tool.html

　見方としては、直近開催予定のFOMC（開催日付）が左上のタブとなっており、右に進んでタブをクリックしていけば、それ以降の開催日時に沿って"Current"（現況）の金利見通し確率が表示されるようになっています。

　FEDウォッチの利点は、この情報を基に投資戦略を練ることができるといった点ですが、逆に留意することとして、FOMC直前になって確度85％の確率が出ていたとしても、当然ながら100％でなければ確約されているわけではありません。**突発的な要因が発生すればその予測はもろくも崩れ落ちる**ことがあるので、その点も考慮しながら投資戦略を練るといった気持ちの余裕が欲しいところです。

4-2
米国の経済成長を予測する
アトランタ連銀の「GDPナウ」

米国では労働省労働統計局（BLS*）や商務省経済分析局（BEA*）を中心に、月ごと、あるいは四半期のデータが公表されていますが、調査から公表までにタイムラグが発生するので大幅修正が行われます。よって、数年前よりいま現在の経済状況を公表する「ナウキャスティング」という手法が注目されています。

▶▶ 高頻度・即時性をデータに取り込む「ナウキャスティング」

BLSやBEA中心の経済統計の公表は、コロナパンデミックを経てますます修正幅が大きくなるという欠点が浮き彫りになりました。正確な情報がつかめないのです。

市場参加者はその「頼りにならない経済統計」を参考にするしかないので、大幅な修正があるとポジション調整を強いられることになります。金融当局ですら、ベースとなる経済統計に大幅変更があれば政策も後追いせざるを得なくなるのです。

このような課題に対応するため、「いま現在の経済状況」をタイムリーに更新していく「**ナウキャスティング**」といわれる手法が開発されました。

▶▶ アトランタ連銀の「GDPナウ」

先述したように、公式統計は基本的に月ごとの公表が多いですが、**いま現在の経済状況を高頻度で取り入れ、随時公表していく手法**をとれば経済の現況を市場参加者が遅滞なく認識できるというメリットがあります。

アトランタ連銀のナウキャスティング手法によるサービスは2011年に開始されましたが、当初、マーケットでは特に注目されていませんでした。「高頻度・即時性」を特徴としているので、月に6〜7回、個人消費や設備投資、在庫、輸出入など13の項目を高頻度で推計し、実質GDP成長率の予想値を「**GDPナウ**（GDPNow）」として公表しています。

大きな特徴は、各々の統計が即時性をもって取り入れられ、公表された翌営業日には更新されるといった点です。

＊**BLS**　Bureau of Labor Statistics の略。
＊**BAE**　Bureau of Economic Analysis の略。

4-2　米国の経済成長を予測するアトランタ連銀の「GDPナウ」

　ISM製造業景気指数、小売売上高、新築住宅販売、耐久財指数、個人所得・支出、鉱工業生産・設備稼働率、中古住宅販売件数といった主要マクロ統計が即取り入れられ、翌営業日にそれを基にしたGDP予想が随時公表されることから、ナウキャスティング手法は次第に注目を集めるようになりました。

　GDPナウ はアトランタ連銀が発表しているものの、公式予測というわけではなく、その時点での予測値が実際の四半期GDPと合致するということは決してありません。あくまでその時点で利用可能な経済統計に基づく「現行推定値」という位置付けなので、その視点を踏まえながらマーケットの動きを観察していくものになります。

　なお、チャートに示されているBlue Chip consensusは主要米国企業のエコノミスト予測を平均化したもので、GDPナウはこの平均値を軸としていることがわかります。

アトランタ連銀の「GDPナウ」①

Evolution of Atlanta Fed GDPNow real GDP growth estimates for 2024: Q4

Date	Major Releases	GDP*	Date	Major Releases	GDP*	Date	Major Releases
31-Oct	Initial GDPNow 24:Q4 forecast	2.7	27-Nov	Adv. Manuf (M3-1), Adv. Econ. Ind., Q3 GDP, Personal income & outlays	2.7		
1-Nov	ISM Manufacturing Index, Constr. spending, Emp. Situation	2.3	2-Dec	ISM Manufacturing Index, Construction spending	3.2		
4-Nov	M3-2 Manufacturing, Auto sales	2.4	4-Dec	ISM Services Index, M3-2 Manufacturing, Auto sales	3.1		
5-Nov	International trade, ISM Services Index	2.4	5-Dec	International trade	3.3		
7-Nov	Wholesale trade	2.5	6-Dec	Employment Situation	3.3		
13-Nov	CPI, Monthly Treasury Statement	2.5	9-Dec	Wholesale trade	3.3		
14-Nov	Producer Price Index	2.5	11-Dec	CPI, Monthly Treasury Statement	3.4		
15-Nov	Import/Export Prices, Retail trade, Industrial production	2.5	12-Dec	Producer Price Index	3.3		
19-Nov	Housing starts	2.6	13-Dec	Import/Export Prices	3.3		
21-Nov	Existing-home sales	2.6	17-Dec	Retail trade, Industrial production	3.1		
26-Nov	New-home sales	2.8					

現時点における
GDP予想

4-2 米国の経済成長を予測するアトランタ連銀の「GDPナウ」

アトランタ連銀の「GDPナウ」②

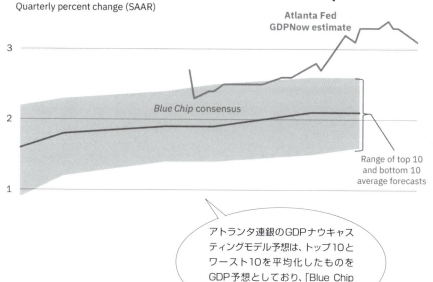

アトランタ連銀のGDPナウキャスティングモデル予想は、トップ10とワースト10を平均化したものをGDP予想としており、「Blue Chip consensus」と呼ばれている

　簡単にいえば、各主要マクロ統計の最新の値を取り入れて、現時点でのGDP予想をその都度公表していく、といった手法になります。

4-3
NY連銀の「Staff Nowcast」

複数の地区連銀は、アトランタ連銀のGDPナウのように「ナウキャスティングモデル」を採用するようになっています。具体的には、アトランタ地区連銀は「GDPナウ（GDPNow）」でしたが、NY連銀は「The New York Fed Staff Nowcast」という名で同じモデルを運用し、GDPの予測値を随時更新しウェブサイトに掲載しています。

▶▶ ニューヨーク連銀のナウキャスティングモデル

ニューヨーク連銀スタッフによる GDP 成長率の予測の推移は、アトランタ連銀と同様、新しいデータ発表がGDP予測に与える影響を考慮したもので、毎週金曜日の午前11時45分直後に更新されるのが特徴です。

しかし、ニューヨーク連銀のナウキャスティングモデル（**Staff Nowcast**）は、アトランタ連銀のGDPナウより安定したものでした。ニューヨーク連銀の場合はアトランタ連銀と異なり、貿易関連・労働市場・小売売上高・鉱工業生産といった多岐にわたるデータが高頻度に取り入れられたのがその理由だといえます。

▶▶ 危機時における「ナウキャスティングモデルの脆弱さ」

しかしながら、コロナパンデミックによりマクロ経済統計に大きな不確実性と変動性が発生してしまい、正確なデータを供給することが難しくなったことによって、2021年9月から2023年9月まで公表を停止することになりました。

相場急変といいますか市場に「クラッシュ」が発生したときには、各地区連銀が最新のデータアプローチとして「ナウキャスティングモデル」を用いて注目を浴びた時期がありましたが、相場急変のときには"諸刃の剣"の側面を露呈したのです。

第4章 マーケットが頼りにする経済の先行ツール

83

4-3 NY連銀の「Staff Nowcast」

ニューヨーク連銀の「Staff Nowcast」

Impact of Data Releases

◆ The New York Fed Staff Nowcast   ○ Advance GDP estimate   □ Latest GDP estimate

■ Housing and construction ■ Manufacturing ■ Surveys ■ Retail and consumption ■ Income ■ Labor ■ International trade ■ Prices □ Others

Percent (annual rate)   Expand

Data Flow (Dec 13, 2024)					
Model Update	Release Date	Data Series	Actual	Impact	Nowcast GDP Growth
Dec 13					1.85
	8:33AM Dec 11	■ CPI-U All items less food and energy	0.31	-0.01	
	8:33AM Dec 11	■ CPI-U All items	0.31	-0.02	
	8:30AM Dec 13	■ Export price index	0.00	-0.01	
	8:30AM Dec 13	■ Import price index	0.14	0.01	
		■ Data revisions	0.00	0.00	
		■ Parameter revisions	0.00	0.00	
Dec 06					1.89

出典：NY連銀

ニューヨーク連銀の
スタッフナウキャスト

ナウキャスティングモ
デルはアトランタ連銀
同様、分刻みで更新さ
れていく

▶▶ クリーブランド連銀のインフレーション・ナウキャスティング（PCEナウ・CPIナウ）

　クリーブランド連銀も、イールドカーブの傾きに戻づくGDP成長予測を公表していますが、クリーブランド連銀が公表するナウキャストとしてはインフレに関するナウキャストの方が有名です。

　BEA（米商務省経済分析局）のPCEとBLS（米労働統計局）のCPIという2つの代表的な物価指数のナウキャストを随時更新・提供しており（PCEナウ・CPIナウ）、各々の構成データ（例えばエネルギー情報局が公表するガソリン小売価格など）が発表されるのと同時にインフレ推定値の算出に取り込むため、このような方法を採っていない専門家の予測値よりもはるかに優れている、といわれています。

GDP（のナウキャスト）と比較した場合、構成要素が少ないということも関係しているのか、クリーブランド連銀のインフレ予測指標は非常に精度が高く、実際に公表されるインフレ数値を予測することに適しているといえそうです。

しかしそれでも0.数％の誤差は発生するので、そこで市場予想を上回ったのか、または下回ったのかでマーケットへの影響は変わってきます。

COLUMN 「株価支援チーム」に関する議論

2010年代後半になってからはほとんど聞かなくなりましたが、2008年の金融危機ののちには米国でも株式が暴落したことから、「株価を支えるチーム」がワシントンに存在するのでは？　といった議論が活発化したことがあります。

この秘密裏に株価を支える政府系組織のことを、当時は「PPT *（急落防止チーム）」と呼称していました。

もともとこのPPTという呼び名はワシントンポスト紙の見出しで使用されたことに端を発していましたが、長らく米国の下院議員を務めていたロン・ポール氏は「明らかに法的権限を越えている」と明確な主張を述べたことがあります。

ITバブル崩壊後もそうでしたが、2008年の金融危機ののちには公に議論されるようになりました。このチーム（PPT）というのは、すなわちFRBや米国政府のことを指していたのです。

2008年以前の2005年には、スプロット・アセット・マネジメントが「PPTが株式市場に介入している」という報告書を公表したこともあります。1980年代にFRBのボードメンバーを務めたロバート・ヘラー氏（H. Robert Heller）は、このPPTについてウォールストリートジャーナルの紙面で、「経済全体に流動性を注ぎ込むことによって、インフレのリスクを抱えるものの株式市場を直接支えることができ、市場全体を安定化させることができる」と微妙なニュアンスで答えたことがあります。それが緩和政策による資産効果を指しているのか、そのようなチームが存在するのかはよくわかりませんでした。

＊**PPT**　Plunge Protection Teamの略。

4-4
5大地区における景気指数の平均値と金融政策

複数の地区連銀は、その連銀が管轄する製造業を対象に景況感を調査し、結果を公表しています。景況感ということで、地区によって上振れ・下振れのバラツキが存在しており、FRBでは金融政策の判断材料として、公表されている各地区連銀の製造業景気指数を平均化したものを用いている感があります。

▶▶ ニューヨーク連銀製造業景気指数

米国のFRS（連邦準備制度）を構成する12地区に存在する連邦準備銀行のうち、**製造業の景気指数を公表しているのは5つの地区**になります。

その中で代表的な地区連銀による製造業景気指数は、ニューヨーク連銀が公表するものだといわれており、かつてはマーケットにおいても重要度が高かった指数だといえます。

ニューヨーク連銀が管轄する地区に所在する製造業者約200社を対象に、「新規受注」「雇用」「仕入れ価格」などの項目別にアンケートを実施し、増加・変わらず・悪化などの回答を得て指数化したもので、半年後の予想についても公表されます。

「ゼロ」を基準に、各項目がプラスの数値であれば製造業における拡大や改善状況を示し、数値がマイナスであれば悪化を示していることになります。

調査のやり方としてはどこの地区連銀もほぼ同じ手法で行います。よって、あくまで「その地区の景況感」という見方が強く、特にFRBの存在感が増していることを踏まえれば、**連邦準備制度（全米）の金融政策の影響力が年々増している**ということで、（地区連銀のデータというものは）年々重要度が低くなっているのが現状です。

この調査は、当該地域の製造業におけるインフレ圧力と成長ペースに関する手がかりを提供するのですが、現在ではそのような理由から、色あせてしまっているといわざるを得ないのが実情です。

5つの地区製造業景気指数の平均値を重視するFRB

次図は、2004年以降に5つの地区連銀が公表してきた製造業景気指数の平均値（3ヵ月）になります。現在では**1つの地区の結果が全米を管轄するFRBの金融政策を左右する影響力はない**からです。

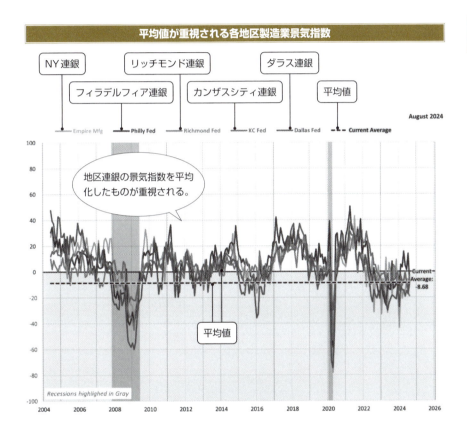

公表している5つの地区連銀はニューヨーク連銀、フィラデルフィア連銀・リッチモンド連銀、カンザスシティ連銀、ダラス連銀になります。

下振れが大きいのはダラス連銀の調査結果で、上振れが目立つのはフィラデルフィア連銀です。

4-4 5大地区における景気指数の平均値と金融政策

まれにニューヨーク連銀の結果がフィラデルフィアの結果やISM製造業景気指数の先行指標といわれることもありますが、ただ単純に公表日付が早いだけで、管轄地区が違うことを考えれば、実質の先行指標とはいえない側面があります。

そのうえで、FRBは各地区の景気指数を平均化し、あくまで**全米の状況がどうなのかを観察する**ことになります。FRBの金融政策は全米に及ぶので、特定の地区の景況感で金融政策を変えることができないといった理論です。

COLUMN 金融政策決定会合前の、市場に安心感をもたらすツールの欠如

市場参加者からすると、日米に限らず「次回の金融政策決定会合（中銀会合）にて、金利政策がどうなるのか」といった予測がデータとして公表されていれば、一定程度の安心感を抱くことができます。

4章で示したように、米国ではそのようなデータが目白押しで、多くの米メディアも独自のツールを用いて次回の金融政策決定会合（米ではFOMC）の結果がどうなるか、という予測を各社責任をもって報じています。市場参加者はそれら多くのデータを基に自分なりに考え、主体性をもって独自に判断することで、市場のボラティリティが抑制されています。

対する日本では、次回会合によって金融政策がどうなるのか、といった予測ツールはほとんどなく、漠然とした報道に頼るしかありません。よって、予期せぬ（金融政策の）結果が出た場合、「金融市場の安定化」を目指す日銀の意図しない結果が出ることがあります。つまり、多くの市場参加者が損失を被る可能性があるのです。

最近の代表的な例として、2024年7月31日の日銀金融政策決定会合で政策金利の利上げが決まり、翌月の8月5日は1日の下落幅で、1987年10月に米国で起こったブラックマンデーを超え、過去最大となる4451円28銭の暴落を記録しました。これは、事前に「利上げする」という地ならしができていなかったことから、ネガティブな唐突感が広がったため、ということになります。

このように、金融政策決定会合前に金利政策の方向を予測できるツールが日本にはほとんどなく、結果的に投資家の不安をあおっているといってもいい環境なので、そういった意味において日本の投資環境はまだまだ先進国の水準に追い付いていないのが現状だといえます。

第5章

FOMCの流れ

FOMCが始まる前には、当然、事前の準備があります。

当局者たち（FOMC参加者たち）にとって重要な討議用資料が配布され、それを基にFOMCは開催されます。そして、意見交換の内容や金融政策決定に至るまでの議論の内容の要旨は、FOMCの3週間後に公表されます。

5-1

FOMC前の参考資料「ベージュブック」

FOMCにはその年の投票権をもつメンバーならびにそれ以外の地区連銀総裁の計19名が全員参加します。地区連銀から、討議用資料として参加者全員に経済報告（通称：ベージュブック）が配布されることになっています。

▶▶ FRBサイト内でのベージュブックの概要

FRBサイト内に、ベージュブックの概要が掲載されています。タイトルは「**地区連銀による現在の経済環境の概要説明**」とされていますが、日本ではわかりやすく「地区連銀経済報告」（ベージュブック）と呼ばれます。

Beige Book Summary of Commentary on Current Economic Conditions by Federal Reserve District
Commonly known as the Beige Book, this report is published eight times per year. Each Federal Reserve Bank gathers **anecdotal information** on current economic conditions in its District through reports from Bank and Branch directors and interviews with key business contacts, economists, market experts, and other sources. The Beige Book summarizes this information by District and sector. An overall summary of the twelve district reports is prepared by a designated Federal Reserve Bank on a rotating basis.

ベージュブックとして馴染のこのFOMCの討議用資料は、年に8回発行されます。

各地区連銀が、銀行および支店長、キーとなるビジネス関係者、エコノミスト、マーケットの専門家、およびその他情報源へのインタビューを通じ、その地区における現在の経済環境を収集しています。

5-1　FOMC前の参考資料「ベージュブック」

　ここでのポイントは「anecdotal information」という語句が入っていることですが、つまり**根拠性・定量的ではない情報**ということになるので、あくまで専門家からの「聞き取り情報」といった位置付けです。そして、ベージュブックは地区別および業種別に要約されており、12地区のリポートの**全体的な要約はローテーションで指定された地区連銀が準備する**ことになっています。

▶▶ ベージュブックはFOMCの金融政策を判断する重要な資料

　つまり、12地区の連邦準備銀行がそれぞれ管轄している地区の経済環境について有識者たちから話を聞き、それを指定された特定の連邦準備銀行に報告して、報告を受け連邦準備銀行がその概要をまとめる、ということになります。

　年8回の報告になりますが、ベージュブックという通称の由来は「その報告書の表紙がベージュだから」という単純なものです。FOMCが年間8回開催されるのも、ベージュブックからの報告と関連付けられていることがわかります。

　ベージュブックの公表時期がFOMC開催の2週間前の水曜日ですから、**FOMCでの金融政策をどうするか、といった判断材料に用いられる**ことは自明の理です。

　これもFRBによる透明性確保の一環だと考えることができますし、市場関係者が注目するのも当然だといえます。

　「anecdotal information」という語句が入っている、と先述しましたが、ベージュブックはFRB自身の定量的な調査ではなく耳情報をまとめたものなので、FRB自身が公表しているものの「FRBの公式見解ではない」としています。あくまで外部からの情報としたいようですが、それを基にFOMCが開催されるわけですから、市場関係者にとっては非常に有益な情報になっています。

5-1 FOMC前の参考資料「ベージュブック」

12地区連銀の担当エリア

- ミネアポリス
- カンザスシティ
- ダラス
- サンフランシスコ
- リッチモンド
- アトランタ
- シカゴ
- セントルイス
- ボストン
- ニューヨーク
- フィラデルフィア
- クリーブランド

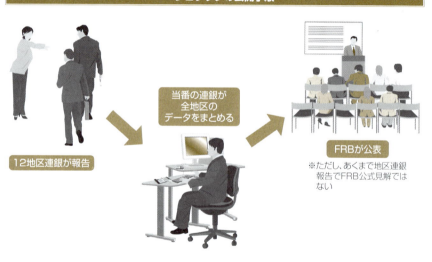

ベージュブックの公開手順

12地区連銀が報告 → 当番の連銀が全地区のデータをまとめる → FRBが公表

※ただし、あくまで地区連銀報告でFRB公式見解ではない

5-1　FOMC前の参考資料「ベージュブック」

　ベージュブックは**詳細報告（Full Report）と全地区概要（National Summary）
に分かれています**。そして各々確認すると、「経済活動全般の報告（Overall
Economic Activity)」「雇用および賃金（Employment and Wages)」「消費財価
格やコスト（Prices)」といった共通の記載があります。

　詳細報告には12地区の経済状況が記載されていますが、これらは為替市場にほ
とんど影響はありません。しかし株式市場参加者にとっては、自動車・製造業・IT
など各地区によって強い産業の特徴などありますから、有益な情報となる可能性が
あります。

　そして、**全般的に経済活動が上向いたといったニュアンスが強ければ、債券市場
では利回りが上昇する**ケースがあります。FOMCにこのニュアンスが伝播すると考
えられるからです。

　FOMC開催2週間前に公表され、FOMCでの政策判断の材料となり、大きな変化
や強いニュアンスが発せられた場合には政策に影響することから、留意が必要にな
ります。

第5章
FOMCの流れ

93

5-2
FRB内での経済・政策分析とブラックアウトルール

FOMCにはその年の投票権をもつメンバーおよびそれ以外の地区連銀総裁の19名全員が参加しますが、FRBスタッフから討議用資料が配布されることで有名です。そのことが関係し、外部に漏れないようにブラックアウト期間というものが設けられています。

▶▶ FRBのマクロ経済分析とFOMC前の報告

基本的に、米経済の現状分析・将来予測・政策シミュレーションなど様々なリサーチ活動に使用されているマクロ経済モデルは、**FRB自身が開発した「FRB/USモデル」**です。

FRB内では1996年から、これをメインモデルとして経済予測・分析・研究プロジェクトがなされてきました。FRB/USモデルの開発以降においても「Estimated Dynamic Optimizationモデル」（略称EDO）という経済モデルが開発され、FRB/VSモデルに代わって 中核的役割を果たしていますが、両モデルともにFRBのページからダウンロード可能となっており、金融政策の分析アプローチにおける透明性の高さを裏付けています。ただし一般企業や個人ユーザーがこれらのモデルを活用して政策予測をすることはできません。

経済モデルを使った分析結果は討議用資料としてFOMC参加者に配布されるものの、FOMCによる**SEP（経済見通し）**等の公式推定値は「**利用モデルの予測結果をそのまま反映させたものではない**」と**FRB自身がアナウンス**しています。つまりFRBは、政策アプローチの透明性を確保するとともに、金融政策の主体として、機密性と能動性を両立させていることになります。

5-2 FRB内での経済・政策分析とブラックアウトルール

▶▶ FRBのブラックアウト期間
（Federal Reserve blackout period）

　FOMCが開催される前の週には、FRB内の調査統計局（Research and Statistics Division）を中心にまとめられた討議用資料がFOMC参加者に配布されますが、そのことが関係し、「FOMCが開催される週の前々週の土曜日からFOMC参加者は発言を控えなくてはならない」という「**ブラックアウト期間**」（Blackout Period）のルールが存在します。2025年のブラックアウト期間は下図のとおりです。

例：ブラックアウト期間前のホワイト期間（2025年）

太色枠がFOMC開催日、グレーで塗られた範囲がブラックアウト期間になります

☐ FOMC　　〇 以降がブラックアウト期間　　—— 注目のホワイト期間（5日間）

5-2　FRB内での経済・政策分析とブラックアウトルール

このルールは2017年2月に確立したのですが、それ以前にはFRBの理事のみ言及してはいけないルールだったので、公の場でFOMCに関する発言を制限される人数や期間は年々拡大している印象です。

▶▶ 第2次トランプ政権以降では、「ホワイト期間」に注目

逆に考えると、ブラックアウト期間に突入する土曜日の直前まで、FRB議長や地区連銀総裁たちの発言は講演会などで集中的にアナウンスされ、コンセンサスを得ようとします。そのコアな期間は前ページの図中に太下線で示したとおり、土曜日の前の5日間（月〜金曜日）になります。

2025年1月にスタートした新しい政権下において、今後、金融政策（ここでは金利政策）の運営は難しくなることが想定されるため、**指標とはいえない期間（5日間）ですが「ホワイト期間」として必見の期間**になります。今後はこの期間に、政策に関する重要なヒントが出てくる可能性は大きいと感じます。

▶▶ FOMC議事要旨

FOMC議事録の要旨は**会合終了から3週間後に公表**されており、投票権のない参加者を含む全員の見解をまとめたものであることから、今後の会合の動向を探るうえでの重要な材料として、多くの市場参加者に活用されています。ただ単純に「Minutes」と呼ばれます。

ただしこれは、あくまで要旨であって全記録ではありません。全記録は会合の5年後に公表されることになっているため、市場参加者にとっては、**ほとんど役に立っていないのが現状**です。

ちなみにFOMCが議事要旨（Minutes）の公開を従来より早めて3週間後とするよう決定したのは2004年12月でした。

それ以来20年以上経っても変化はなく、何らかの対策が求められています。特に政権交代を経て経済政策が大きく変わりつつある昨今、金融政策もそれを補う形でスピード感をもって実行されることが求められます。

現状のままですと、FRBのプレゼンスが拡大されてきたとしても、その基となる政権の政策がコロコロと変わってしまえば現況の経済報告がいくら秀逸であろうとも、後手の対応を強いられるのは確実です。

第2次トランプ政権下では今後、先述の**「ホワイト期間」での当局者たちの発言がより注目**されることになるのではないでしょうか（FOMC開催週の前々週、月曜から金曜の5日間）。市場には、FOMC開催前にして金融政策の結果が認識されるようなケースがこれまでより多くなるように思われます。

5-3
FOMC声明文とマーケット

マーケットにとって「FOMC声明文」というのは「FRBのエンブレム」といっても過言ではありません。「FRB」「FOMC」と聞いてピンとこない、または「ややこしそうなので調べない」といった人でも、この声明文だけは知っている、あるいは目にすることが多いのではないでしょうか？　FOMCの声明文は簡潔ながらそれほど重要な政策決定文書なのです。

▶▶ FOMC声明文の閲覧時間

本書は「FRB」を追跡したものですが、FRBといえばまず真っ先に思い浮かぶのが**FOMC声明文(FOMC Statement)**、という方がほとんどだと思います。

声明文に関しては2章においても各々個別事項の説明の中で言及していましたが、重複となりますが本章ではより具体的な説明をしていきます。

FOMCの終了後に新規の政策方針が打ち出されるこの声明文は、現地時間(米東部)午後2時に公表されます。日本国内でFOMC声明文を閲覧する場合、北米のサマータイム実施期間が「3月第2日曜午前2時から11月第1日曜午前2時」であることを考慮しなくてはいけないので、例えば1月FOMC声明文を閲覧するのは午前4時、3月FOMCが第2日曜以降であれば午前3時、といった感じになります。

簡単にいえば日本国内では春先のFOMCからは午前3時、冬になると午前4時、といった具合です。

▶▶ FOMC声明文の閲覧ポイント

例えば4月FOMCを閲覧するとき、午前3時になると同時に「FRB」を検索しサイトに入れば最新の「Federal Reserve issues FOMC statement」がリリースされています。

このときサーバーは重くなっており、1分ほど閲覧できない状況が発生することもしばしばですが、声明文が表示されたら真っ先に**第3段落の中の「the Committee decided to～」**を探し出し、それ以降のワードをサッと確認します。

5-3 FOMC声明文とマーケット

例えば、次の囲みは2024年12月FOMCからタイトルと第3段落の抜粋です。

Federal Reserve issues FOMC statement
For release at 2：00 p.m. EST
.. In support of its goals, **the Committee decided to** lower **the target range for the federal funds rate by 1/4 percentage point to 4-1/4 to 4-1/2 percent.**

ここで、政策金利を上げたのか（raise）、下げたのか（lower or cut）、または据え置いたのか（maintain or keep）ということを真っ先に確認します。このケースでは政策金利を引き下げていることがわかります（lower）。

その次は上げ幅・下げ幅ですが、ここでは0.25％引き下げており（1/4 percentage point）、この2行を確認することが声明文を見るうえで**最も重要な投資行動**だといえます。その理由は、この箇所に政策結果が示されているからです。

▶▶ 政策金利とマーケット

これらをマーケットと照合すれば、基本的には金利が上がればドルが上昇し相対的に円は下落します。そして米国の株式には金利上昇というブレーキがかかり、下落方向になりますが、日本株は円が下落したことによって（円安）上昇基調になります。

これらはすべて声明文とマーケットの「ごく基本的な関係」になるので、当然、その時々の状況に応じた違う値動きも考えられます。

仮に0.25％（1/4 percentage point）の引き下げが事前に織り込まれていた場合、ボラティリティ（価格変動）は小さくなりますが、例えば事前予想と違って0.50％（1/2 percentage point）の引き下げが公表された場合には、サプライズということでボラティリティは大きくなります。

2019年の別著では「第3または第4段落に政策結果が掲載されている」としていましたが、それ以前からそれ以降にかけても、政策結果は第3段落が中心となっており、今後、状況によっては違う段落となる可能性は残されているものの、現段階では第3段落が中心となっているようです。

「金融市場の安定化」も実質上の責務としているFRBでは、このような変化は好まない傾向にあるので、声明文の構成も第3段落中心でこのまま継続される可能性があります。

▶▶ 第1段落でFOMCの政策スタンスを読み取る

そして第3段落を確認したのちは、第1段落と第2段落を確認します。なぜならそこを読めば、「物価の安定」「雇用の最大化」のうち、現況においてFOMCがどちらを優先しているのか、感覚的に捉えることができるからです。次の囲みは2024年12月FOMC声明文の第1段落です。

> Recent indicators suggest that economic activity has continued to expand at a solid pace. Since earlier in the year, labor market conditions have generally eased, and the unemployment rate has moved up but remains low. **Inflation has made progress toward the Committee's 2 percent objective but remains somewhat elevated.**

段落はその全体からニュアンスを読み取ることが重要になりますが、この段落末では「インフレ率はFOMCの目標である2%に向かっているが、依然としてやや高い水準にある」とあります。

つまり**今回利下げはしたものの、次回もそうだとは限らない**ということを（第1段落から）読み取ることができます。

実際にこの会合では利下げしたものの、マーケットでは（先述した）基本的な値動きとは反対の値動きになる市場が目立ちました。よって、政策結果だけでなく「FOMCが今後どうするのか」といったニュアンスをこの①第3段落と②第1段落から読み取り、議長会見と照らし合わせることが重要になってきます。

※2025年の1月FOMC（1月28〜29日開催）では、上記24年12月声明文の1段落目に示唆されていたように、政策結果は「据え置き」でした。今後も第3段落だけでなく、次回会合を予測するために第1段落も注目だといえます。

5-4

SEP（経済見通し）の見方とポイント

FOMC声明文と同時に公表されるFOMC参加者たちの経済見通しのことをSEPといいます。FOMC参加者たち個人の経済見通しを集計し、まとめたこのSEPを基に、市場参加者たちは「FRBの経済見通し」として次なる金融政策をシミュレートすることになります。

▶▶ SEPのMedianを確認する

FOMC声明文の公表と同時に公表される経済見通し（SEP＊と呼ばれる、個別経済見通しの集計と概要）も、声明文とほぼ同時、もしくは速やかに確認するのが望ましい集計票になります。次の表は2024年12月SEPです。

SEPではMedian（中央値／左枠内）を確認する

Table 1. Economic projections of Federal Reserve Board members and Federal Reserve Bank presidents, under their individual assumptions of projected appropriate monetary policy, December 2024

Percent

Variable	Median[1]					Central Tendency[2]					Range[3]				
	2024	2025	2026	2027	Longer run	2024	2025	2026	2027	Longer run	2024	2025	2026	2027	Longer run
Change in real GDP	2.5	2.1	2.0	1.9	1.8	2.4-2.5	1.8-2.2	1.9-2.1	1.8-2.0	1.7-2.0	2.3-2.7	1.6-2.5	1.4-2.5	1.5-2.5	1.7-2.5
September projection	2.0	2.0	2.0	2.0	1.8	1.9-2.1	1.8-2.2	1.9-2.3	1.8-2.1	1.7-2.0	1.8-2.6	1.3-2.5	1.7-2.5	1.7-2.5	1.7-2.5
Unemployment rate	4.2	4.3	4.3	4.3	4.2	4.2	4.2-4.5	4.1-4.4	4.0-4.4	3.9-4.3	4.2	4.2-4.5	3.9-4.6	3.8-4.5	3.5-4.5
September projection	4.4	4.4	4.3	4.2	4.2	4.3-4.4	4.2-4.5	4.0-4.4	4.0-4.4	3.9-4.3	4.2-4.5	4.2-4.7	3.9-4.5	3.8-4.5	3.5-4.5
PCE inflation	2.4	2.5	2.1	2.0	2.0	2.4-2.5	2.3-2.6	2.0-2.2	2.0	2.0	2.4-2.7	2.1-2.9	2.0-2.6	2.0-2.4	2.0
September projection	2.3	2.1	2.0	2.0	2.0	2.2-2.4	2.1-2.2	2.0	2.0	2.0	2.1-2.7	2.1-2.4	2.0-2.2	2.0-2.1	2.0
Core PCE inflation[4]	2.8	2.5	2.2	2.0		2.8-2.9	2.5-2.7	2.0-2.3	2.0		2.8-2.9	2.1-3.2	2.0-2.7	2.0-2.6	
September projection	2.6	2.2	2.0	2.0		2.6-2.7	2.1-2.3	2.0	2.0		2.4-2.9	2.1-2.5	2.0-2.2	2.0-2.2	
Memo: Projected appropriate policy path															
Federal funds rate	4.4	3.9	3.4	3.1	3.0	4.4-4.6	3.6-4.1	3.1-3.6	2.9-3.6	2.8-3.6	4.4-4.6	3.1-4.4	2.4-3.9	2.4-3.9	2.4-3.9
September projection	4.4	3.4	2.9	2.9	2.9	4.4-4.6	3.1-3.6	2.6-3.6	2.6-3.6	2.5-3.5	4.1-4.9	2.9-4.1	2.4-3.9	2.4-3.9	2.4-3.8

中央値（Median）に着目。

＊ **SEP** Compilation and Summary of Individual Economic Projections またはSummary of Economic Projections の略。

5-4　SEP（経済見通し）の見方とポイント

　SEPは、Median（中央値）・Central Tendency（中心値）・Range（予想範囲：最大値と最小値）に分かれていますが、瞬間的にすべてを確認できるわけもなく、マーケットの基本として「即効性」が重視されていることを考慮すれば、**Median（中央値／前ページ図中の左枠内）を確認するのが賢明**です。中央値とは、予想データの数値を小さい順に並べたときに中央に位置する値のことで、ここが最も重要なのです。次に示す表は、2024年12月SEPからMedianの部分を抜き出したものです。

インフレ率予想とFFレート予想

Percent

Variable	Median				
	2024	2025	2026	2027	Longer run
Change in real GDP	2.5	2.1	2.0	1.9	1.8
September projection	2.0	2.0	2.0	2.0	1.8
Unemployment rate	4.2	4.3	4.3	4.3	4.2
September projection	4.4	4.4	4.3	4.2	4.2
PCE inflation	2.4	2.5	2.1	2.0	2.0
September projection	2.3	2.1	2.0	2.0	2.0
Core PCE inflation	2.8	2.5	2.2	2.0	
September projection	2.6	2.2	2.0	2.0	
Memo: Projected appropriate policy path					
Federal funds rate	4.4	3.9	3.4	3.1	3.0
September projection	4.4	3.4	2.9	2.9	2.9

（PCEインフレとFFレートに着目。）

出典：FRB

▶▶ PCEインフレ、コアPCEインフレ、FFレートを確認する

　SEPでは、上の表のようにGDP成長率、失業率、PCEインフレ（PCEデフレーター）、コアPCEインフレ（PCEコアデフレーター）、FFレート（Federal funds rate）と分類されていますが、**真っ先に確認するのはPCEインフレもしくはコアPCEインフレ**になります。

3-1節で「2012年1月にFRBのインフレ指標としてPCEデフレーターが採用された」ことをお伝えしましたが、経済状況によってどちらをインフレ指標としているのかは異なります（2012年のFRBアナウンスでは、**インフレ採用を毎年見直す**としています）。よって、それを確認したうえでPCEインフレなのかコアPCEインフレなのかを確認することになります。SEPは年別に掲載されていますが、**最も左、直近の年の予想数値が重要**です（前ページの表では2.4%と2.8%です）。

そしてその下段には前回FOMC（ここでは2024年9月）の数値が掲載されているので、前回からどれくらい乖離しているのか確認することができます。これによって状況変化を感覚的に把握することができる、ということになります。

同時に確認するのは政策金利であるFFレート（Federal funds rate）で年末予想が表記されています。「利上げ」「利下げ」というのはこのレートのことですからなおさらで、Longer run（長期目標／中立金利）との乖離や翌年の予想値との乖離を確認することで、今後、利下げ方向なのか利上げ方向なのかを把握することが可能です。

失業率（Unemployment rate）も同様に長期目標と照合するのですが、例にとった前ページの表ではすでに同じ数値になっています。3章でお伝えしたとおり、雇用情勢にはインフレターゲット「2%」のような明確な目標値がないので、1つあるいは2つの統計のみで「雇用の最大化」を捉えることはできません。

よって、SEPを確認する際はどうしても上記3つの項目に劣後することになります。

▶▶ SEPの簡素化は透明性・明瞭さの確保のため

SEPは、バーナンキFRB議長下の2007年10月FOMCからスタートしました。参加者個人の予想値を集計し、要約されたものが19名の参加者に配布されるようになったのが始まりです。これらはFRBサイト内に「SEPの成り立ち」として西暦を示し段階的に記載されています。ただ、市場関係者にとっては意味がありません。

透明性やシンプルさ、明瞭さを確保するためにFRBが工夫を凝らしてきた、といった歴史を知ることはできますが、市場関係者によってはあくまで上述した**現在におけるSEPの読み方やその優先順位などが重要**になります。より詳しくFRBを研究したい、という人には良いかもしれません（FRBの書籍なので）。

5-5
ドットプロットとマーケット、その捉え方

前節では、FOMC声明文と同時に公表されるFOMC参加者たちの経済見通し（SEP）についてお伝えしましたが、その中でもFFレート（政策金利）の予想数値を点（ドット）として落とした散布図のことをドットプロットといいます。

▶▶ ドットプロットとは？

前節でお伝えしたSEP（経済見通し）は数値の表でした。その中でもFFレート（Federal funds rate）に関するFOMC参加者たち個人の予想数値を、二次元平面上の点（ドット）として落とし込んで散布図にしたものも公表されますが、この散布図のことをドットプロット（ドットチャート）といいます。

SEPの数値は次表のとおりですが、色枠の数値箇所を散布図として表したものを「ドットプロット」といいます（次ページの図を参照）。

SEP中でドットプロットに用いるデータの範囲

Table 1. Economic projections of Federal Reserve Board members and Federal Reserve Bank presidents, under their individual assumptions of projected appropriate monetary policy, December 2024

代表値（中心傾向）　　　レンジ

Variable	Median[1]					Central Tendency[2]					Range[3]				
	2024	2025	2026	2027	Longer run	2024	2025	2026	2027	Longer run	2024	2025	2026	2027	Longer run
Change in real GDP	2.5	2.1	2.0	1.9	1.8	2.4-2.5	1.8-2.2	1.9-2.1	1.8-2.0	1.7-2.0	2.3-2.7	1.6-2.5	1.4-2.5	1.5-2.5	1.7-2.5
September projection	2.0	2.0	2.0	2.0	1.8	1.9-2.1	1.8-2.2	1.9-2.3	1.8-2.1	1.7-2.0	1.8-2.6	1.3-2.5	1.7-2.5	1.7-2.5	1.7-2.5
Unemployment rate	4.2	4.3	4.3	4.3	4.2	4.2	4.2-4.5	4.1-4.4	4.0-4.4	3.9-4.3	4.2	4.2-4.5	3.9-4.6	3.8-4.5	3.5-4.5
September projection	4.4	4.4	4.3	4.2	4.2	4.3-4.4	4.2-4.5	4.0-4.4	4.0-4.4	3.9-4.3	4.2-4.5	4.2-4.7	3.9-4.5	3.8-4.5	3.5-4.5
PCE inflation	2.4	2.5	2.1	2.0	2.0	2.4-2.5	2.3-2.6	2.0-2.2	2.0	2.0	2.4-2.7	2.1-2.9	2.0-2.6	2.0-2.4	2.0
September projection	2.3	2.1	2.0	2.0	2.0	2.2-2.4	2.1-2.2	2.0	2.0	2.0	2.1-2.7	2.1-2.4	2.0	2.0	2.0
Core PCE inflation[4]	2.8	2.5	2.2	2.0		2.8-2.9	2.5-2.7	2.0-2.3	2.0		2.8-2.9	2.1-3.2	2.0-2.7	2.0-2.6	
September projection	2.6	2.2	2.0	2.0		2.6-2.7	2.1-2.3	2.0	2.0		2.4-2.9	2.1-2.5	2.0-2.2	2.0-2.2	
Memo: Projected appropriate policy path															
Federal funds rate	4.4	3.9	3.4	3.1	3.0	4.4-4.6	3.6-4.1	3.1-3.6	2.9-3.6	2.8-3.6	4.4-4.6	3.1-4.4	2.4-3.9	2.4-3.9	2.4-3.9
September projection	4.4	3.4	2.9	2.9	2.9	4.4-4.6	3.1-3.6	2.6-3.6	2.6-3.6	2.5-3.5	4.1-4.9	2.9-4.1	2.4-3.9	2.4-3.9	2.4-3.8

ドットプロットに用いられる参加者の数値幅

5-5 ドットプロットとマーケット、その捉え方

　SEPの数値表では左端のMedian（中央値）が重要だと述べましたが、ドットプロットではCentral Tendency（中心値）やRange（予想範囲）を重視しており、19名のFOMC参加者全員の数値予想がどのように散在しているか、中心傾向はどうなっているか、といったことを**市場参加者が感覚的に捉えることができるように**したものです。

ドットプロット

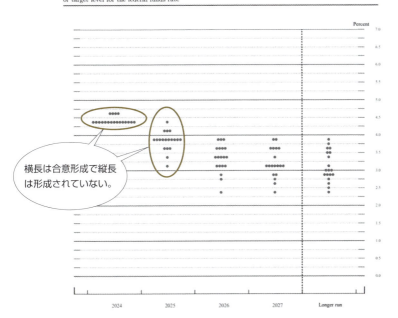

　SEPやドロップロットについて、「FOMCから公表されるものではあるが、FRBの公式見解ではない」とFRB自身が何度も言明しているのは、あくまでこれらは**参加者たちの個人の予想であり、将来的な妥当性を保障するものではない**からです。よって、ドロップロット中のドットの分布は縦長にもなり、横長にもなります。

ドットプロットの捉え方

　SEPは年8回あるFOMCのうち、その半分の4回（3月・6月・9月・12月）しか公表されませんが、ドロップロットにおけるドットの分布が**横長であれば、基本的には「コンセンサスが形成されている」**とみなされ、ドル円相場や株式市場は安定傾向にあります。

　なぜなら、政策金利の見通しがFOMCとして一致しているのであれば、よほどの波乱がない限り政策の急変はなく、債券市場の利回りもボラティリティ（変動幅）が低く、結果、ドル金利・株式市場も安定傾向になる、といえるからです。

　逆に**分布が縦長であれば「コンセンサスが形成されていない」**ということになります。そのようなときには、いくら「ドットプロットは有力情報になる」という認識があったとしても、市場参加者は政策金利の先高観をつかむことができず、債券はじめとする為替・株式市場はボラティリティが高くなる可能性があります。換言すれば、値動きのレンジが広くなるのです。

　よって、FRB自身が発信しているように、分析においてこのチャート（ドットプロット）を重視しすぎることはリスクが伴います。**横長形状のときは参考になり、縦長形状のときには金利見通しとして参考にならない**、といった認識が正しいのではないでしょうか。

5-6
SEPの欠陥を補う「ティールブック（Tealbook）」開示

前節までに紹介したFOMC参加者19名による経済予測（SEP）にも欠陥が存在します。

参加者すべてが共通の前提条件に基づいて経済予測の数値を出しているわけではなく、一部の参加者が政権の政策を考慮して数値を提出する一方で、まったく考慮していない参加者や、考慮したか否かもわからない参加者も存在しており、市場参加者としては当てにならないといった側面があるのは否めません。

▶▶ マーケットはFRBスタッフ予測を求めている

前節までFRBの経済予測である「SEP」について説明しましたが、近年、というよりもう十数年前から、SEPについては市場とのコミュニケーションといった意味で欠陥が目立っており、「FOMC参加者の予測はいうまでもないが、それ以上にFRBスタッフの予測をリアルタイムで公表すべき」といった議論があとを絶ちません。

▶▶ 放置されたままの「SEP改善議論」

マーケットでは当然、SEPやドットプロットといったものがフォーカスされますが、FOMC参加者の数値予測は各々の主観であるため、それが実現しなかった場合、責任の所在も数値予測を出した根拠すらもわからないままで、これが**2012年以降、問題視されてからすでに十数年放置されたまま**の状態となっているのが現状です。

5-6　SEPの欠陥を補う「ティールブック（Tealbook）」開示

「SEP」のこのような欠陥を改善することは困難なのですが、欠陥が続いている理由にもなっています。理想としては欧州中央銀行（ECB）など先進中央銀行が実施しているようなコンセンサス（複数のアナリストや専門家による予測の平均値）をFRBが公表し、**マーケットの過剰なSEP依存といった流れを改善すること**なのですが、2012年にFOMCがコンセンサス予測の開発を検討した際に、FOMC参加者で意見が分かれ、実現しなかった、という経緯があります。

よって、すでにFOMC参加者の予測ベンチマークとなっている**FRBスタッフの予測をFOMCと同時に公表すればこの問題は解決する**のですが、いままではFOMC終了の5年後に開示されてきたこのルーティンに変更を加えることに対してFRB自身が乗り気ではなく、問題が放置されたままとなっています。ECBではすでに問題なく機能しているにもかかわらず、です。

そもそも、FRBスタッフ予測の概要はFOMC終了3週間後に公表される議事要旨に記載されているので、秘密にしているわけではなく、少々の時間を置いているだけの状態なのです。つまるところリアルタイムに開示すべく**情報をスライドさせるだけでマーケットとのコミュニケーションがよりうまくいく**にもかかわらず、FRBは十数年この問題を放置し続けています。

▶▶ ティールブックA（Tealbook A）

このリアルタイム開示が求められているスタッフ予測が記載された文書は、FOMC前に配布されるもので、**グリーンブック（Greenbook）とブルーブック（Bluebook）の後継にあたるティールブック（Tealbook）という文書**になります。

ティールブックは、ティールブックAとティールブックBの2つで構成されていますが、前身のグリーンブックおよびブルーブックと同じく、FOMC終了から5年後に開示されることになっています。先述のように**要約自体はFOMC終了3週間後に開示される議事要旨に掲載**されています。

その**ティールブックA**は「経済および金融状況：現在の状況と見通し」です。

以前にはFRB内部の調査統計局が作成していたグリーンブックの中で取り上げられていた「米国および国際経済の詳細な分析・予測」がティールブックAに記載されており、さらには、金融政策局が作成していたブルーブックの中で取り上げられていた金融市場の動向分析も記載されています。

ティールブックB（Tealbook B）

　ティールブックBは「金融政策：戦略と代替案」といった内容で、FOMCが会議などで選択可能な金融政策に関する背景や状況を説明するためのものです。

　前身は同様の内容を記載していたブルーブックになります。

　特に利上げ・利下げ・据え置きといった選択をした場合の**市場シナリオがまとめられているのが特徴**で、FOMCにとって非常に重要な内部資料になります。

　ブルーブックには、金融動向に関する内容も記載されていましたが、それについてはティールブックAの方に割り当てられています。

ティールブックのリアルタイム開示が求められる背景

　SEPにはFOMC参加者の数字予測が掲載されていますが、先述のようにその根拠や背景はわからないままです。そのような事情から、大きく外れることもしばしばです。

　このティールブックのスタッフ予測が求められている大きな背景としては、予測を出している経済の現況といった前提が将来変化した場合、どのように展開するかといった**代替シミュレーションが記載されている**ことが大きな理由になります。

　市場参加者としては、目まぐるしく変化する国際情勢の中、数値予測の**前提条件の変化についてより深い理解を欲している**のです。

　例えば「新しい関税の引き上げがインフレ率に与える影響が一時的なのか、そうでないのか」といった投資家の疑問や不安により的確に答えることができるのではないか、といった議論が活発になっているといえます。

　このような議論の解とされるティールブックのリアルタイム開示は、**やろうとすれば可能なのであり、市場参加者の損失を極力抑えることにもつながります。**

　その資料が5年間部外秘とされることについて、スピード重視のマーケットでは、「時代錯誤ではないのか」といった論調が広がっており、FRBの「市場とのコミュニケーション」といった意味で、改善の余地がある分野となったままです。

5-7
議長会見の影響力

FOMCが終了し、既定の時間にFOMC声明文やSEPが公表されたのち、FOMCの委員長を務めるFRB議長の会見が始まります。年々この記者会見の重要性が高まってきており、市場関係者は議長の発する言葉を注意深く捉えることになります。

▶▶ 議長会見の時間とその重要性

FOMCが終了したのち、その会合結果が声明文とSEPといった形で公表されますが、その公表30分後にFOMCの委員長を務めるFRB議長の会見が始まります。

具体的な時間は、5-3節「FOMC声明文とマーケット」で説明したように、声明文とSEPに関しては（日本国内では）春先のFOMCから**午前3時、冬になると午前4時**、といった具合です。**議長会見は声明文公表30分後ですから、午前3時半あるいは午前4時半**ということになり、日本国内で議長会見をライブで視聴するには少々の忍耐が必要になってきます。

この30分間には一定の意味があるのですが、これをライブ視聴できなかったために、翌朝起床したときには「議長会見に反応して知らないうちに強制ロスカットされていた」という話を周囲から聞くことがあります。それほど重要な会見になります。

▶▶ 議長会見の捉え方

このような不本意な投資家の損失を防ぐために、近年はFRBの「地ならし」が広がっていきました。この議長会見も、イエレンFRB議長時代までは年8度の会合のうち4回しかなかったものが、パウエルFRB議長下の**2019年からすべての会合で議長会見が行われる**ようになりましたが、これも「地ならし」の一環です。

世界中が注目するこのFRB議長会見は、冒頭発言ならびに記者との質疑応答の2つのセクションに分かれていますが、議長の言葉、1つのワードにマーケットは過敏に反応します。逆に、議長のワードを悪用して自らの意図する方向へ誘導するといった動きも垣間見えるときがありますが、そのような動きは一過性なので注意が必要になります。

FRBの「地ならし」の活動は、「透明性や公平性の確保」と換言されることもありますし、実務上でいえば**「乱高下の防止」にあたります**。「FOMCはこのように考えている」といわんばかりの広報活動のツールは、その積極性とともに近年増加する一方であり、投資家としては金融政策の見通しを立てやすく、ポジション調整に役立つようなイベントということができます。

▶▶ 金融市場の安定化を図るFRBのAITルール

つまり「透明性の確保＝乱高下の防止＝金融市場の安定化」であり、いままでお伝えしてきた経済ツールのほとんどに通じています。本書でお伝えしたシカゴマーカンタイルのFEDウォッチやFRB内で使用される各種経済モデルの公開ダウンロード、メインマクロ経済モデルを用いて検証した多くのFRBによる公開論文など、手段は様々です。

もっと踏み込んでいえば、FRBは2020年に**AITルール（Average Inflation Targeting）というものを発表**しました。これは、短期間でインフレターゲット（2%）にもっていくような急激な金利政策（利上げ・利下げ）を行うものではなく、インフレ率が目標値より長期間乖離した場合には、金融市場の安定化を念頭に、その金利幅を極端なものにせず段階的に正常化させるというもので、これも「急激な変動の防止」に役立ちます。

そのコストとして**金利政策の時間軸が長くなる、**といったことが伴うものの、**それによって平均インフレ率は長期目標（longer run）に近づいていきます**し、なにより乱高下を防ぐといった金融市場の安定化を図ることができるのです。

これは、バーナンキFRB議長時代から意識されるようになったFRBのスタンスだといえるでしょう。

5-7 議長会見の影響力

世界の金融市場が注目するFRB議長の発言の場

・FOMC後の議長会見
・ワイオミング州ジャクソンホール講演（8月下旬）
・米議会（上院・下院）での半期に一度の議会証言
・各地区エコノミッククラブでの議長講演
・その他の各種スピーチ、インタビューなど

COLUMN 金融政策決定までのプロセスは日米で大きく違う

日銀における金融政策決定会合の流れは、FOMCのそれと比較した場合、時間帯などに曖昧なところがあり、一般投資家からすると「よくわからない」といったことが多いように感じます。不満を抱いている市場参加者も多いのではないでしょうか？

さらには、FRBのようにコンセンサス重視で、金融政策が決まった定刻に決定されるというわけでもなく、多数決などのルールに沿って、複数の反対票がある中で決定されたりと、「本当にこの決定が日本経済や金融市場にとって有効なのか」といった疑念を生んでいるのも事実です。

代表的なところでは、市場の大暴落を生んでしまった2024年7月の日銀金融政策決定会合ですが、「金融市場の安定化」を目的としているにもかかわらず、その後のフォローすらチグハグな印象を市場関係者に与えました。日銀総裁と副総裁の意見の相違がクローズアップされたのです。

このような、日米中銀による政策決定へのアプローチや透明性の違いは、今後も続くかもしれません。

新NISAはブームとなり、「貯蓄から投資へ」着実に動き出したにもかかわらず、24年7月に起こった日銀ショックのようなことがあれば、個人も資金を引き上げるといった動きとともに、せっかくのブームに水を差すことにもなりかねません。

第6章

パウエルFRB

　歴代FRB議長の中には、名声を得た議長とそうでない議長がいます。議長といえどもその素養というものがあり、評価が分かれるのは当然です。
　FRB議長に就任した経緯もそれぞれ違い、すべての議長が責務を見事にやり遂げたか？　というとそんなことはないので、イエレン議長のように1期で実質上の解任とされた議長が出てくるのも仕方のないことです。

6-1
パウエルプットと「FRBの信認」

FRBの第16代議長にジェローム・パウエル氏 (Jerome Hayden "Jay" Powell) が正式に就任したのは、第1次トランプ政権下の2018年2月でした。ここではパウエルFRB議長の金融政策とその背景を解説していきます。

▶▶ パウエル議長、その就任背景

共和党員でありFRB理事でもあったジェローム・パウエル氏が16代FRB議長に指名されたのは2017年11月でした。翌18年2月に前任者のジャネット・イエレン氏の後任としてFRB議長に正式就任しました。1期終了の後もパウエル議長の再任が決定し（2022年5月）、**2期目の就任期間は2026年5月15日まで**となっています。

パウエル議長が2018年に就任したときの金融・経済環境は、米国が2008年に発生したリーマンショックから長期的な経済回復を遂げ、FRBとしては利上げサイクルにある最中でした。

バーナンキFRBの長期間にわたるLSAPによって、米国は「デフレの脅威」を退け、徐々でありながらも経済再生が実現し、回復基調に乗った利上げサイクルの中で、イエレンFRB議長が1期4年で交代したことは異例の出来事でしたが、民主党員であったイエレン議長の実績とそのスタンスは、トランプ大統領と上院議会から評価されなかったことになります。

その役割を引き継いだパウエル議長はそれまでのイエレンFRBの金融政策の方針を踏襲する形で、2018年は利上げを継続し、翌年の展望（2019年）についても大きな転換見通しを発信することはありませんでした。

株式（ここではS&P 500）もその議長の利上げ方針を受け、年末には大きく落ち込み、マーケットのセンチメントとしては悲観に陥っていました。

しかしながら2018年末頃にはトランプ大統領の利上げを嫌う発言が取り上げられ、一部では**大統領の（利上げをやめろという）意向にFRBが従うのでは？　といった疑念が発生していた**のも事実です（次図参照）。

114

6-1 パウエルプットと「FRBの信認」

図にあるように、パウエル議長は前任のイエレン議長の利上げサイクルを踏襲したことが確認できます。パウエル議長は就任時の2018年2月からもFFレートを引き上げ、S&P 500はその年の末に向かって大きく落ち込んでおり、これはFRBの将来的な利上げ路線を反映したものだといえます。当時、**大統領だったトランプはこのイエレン-パウエルの利上げ路線が気に食わなかったのです。**

▶▶ 2019年1月4日のパウエル発言で株式が急騰

2018年末まで、パウエル議長は実体経済のデータを見ながら金利引き上げ路線の継続を示唆し、量的政策についても「バランスシート縮小という政策(QT)を堅持する」とまで言い切っていました。

6-1　パウエルプットと「FRBの信認」

しかし年明け2019年1月4日、ジョージア州アトランタで開催された米国経済学会において、不安定化する金融市場に配慮し、唐突に「忍耐強い金融政策ができる」（利上げ打ち止め）、「縮小してきたバランスシート政策もためらいなく修正する」（QT打ち止め）と、ほとんどの人が予想していなかった**大幅な政策変更を発信**しました。

"We are always prepared to shift the stance of policy and to shift it **significantly** if necessary"（パウエルFRB議長）

「必要あらばいつでも大幅に変更する準備ができている」という、それまでの発言を180度覆す唐突な発言でした。これに市場は驚き、株式をはじめとする各市場は大幅な反発をみせたのです。19年1月初頭のこの発言直後からS&P 500が急騰し、リスクオンの反応が続いたことが先ほどの図で確認できます。結局は金融政策も大統領が決めるということなのでしょうか？

▶▶ FRBプットとFRBの信認低下

「プット」とは株式市場においてよく用いられる表現ですが、プットオプション（売る権利）の略語であり、保有していれば（株式の）下落局面で売る権利を行使し、下落の損失を限定することができます。

FRB高官の発言で市場の下落を抑制することを「FRBプット」、あるいはその時々の議長の名を用いて「パウエルプット」などと呼ばれることもありますが、それらはこの構造を踏まえた発言であり、2019年1月4日のパウエル発言はその典型的な例として強烈なインパクトを与えました。

が、しかし12月末には「引き締め路線」を強調していたにもかかわらず年明け早々にまったく違う路線を表明するなど、「プット」といえども長期的な視点で見た場合には「本当はどっちなの？」という具合で、市場参加者は**FRB高官の発言を信用できなくなります。**

6-1 パウエルプットと「FRBの信認」

　当然、株式市場には「買い」と「売り」があります。「売り」はショートポジションといわれ、株価が下落すればその分利益になるといった手法ですが、ショートポジションを積み上げていた投資家はこの「パウエルプット」によって大きな損失を被ったことになります。株式は上昇すれば皆がすべて利益を上げるというわけではなく、あくまで買い手と売り手がいて価格が決定されるので、このような反発局面において損失を被った投資家は「金融当局に裏切られた」「**パウエルFRB議長は信用できない**」となってしまいます。

　このような負の側面が報じられることはほとんどありませんし、このときもトランプ大統領が**同じ共和党員であるパウエル議長に半ば強制的に政策変更させた**のではないか、と言われました。その根拠は「金融市場の安定化」という実際の責務に沿ったものでしたが、その変更期間を考えると、「大統領の越権行為だった」という確信を得た市場参加者がほとんどだったといえます。

　「パウエルプット」という良い印象に偏った報道がされることになるのですが、一国の金融政策当局が短期間で方針を大幅変更することには、このような「信認のリスク」が伴います。冷静な視点で「大統領とFRB」をウォッチすることが重要になってくるのですが、どちらも同じ共和党員ということであればなおさらです。

第6章 パウエルFRB

117

6-2
コロナパンデミック直前の
パウエルFRB

　FRB議長就任期間中は、予期せぬ出来事が当然のように、そして突発的に発生します。かじ取りを任されるのはFRB議長ですが、FRBとしてコンセンサスが重視される、と表向きには表明しています。しかし実際には議長の意見が尊重され、議長の意見を中心に政策が決定されるのが不文律となっています。

▶▶ 金利政策の方向性に追随した株式市場の方向性

　先述のように、パウエル議長が就任したのは2018年で、その年は利上げサイクルで株式が上昇トレンドに突入することはなく、年末には大きく落ち込みました。議長就任初年度は、マーケットにとって「軟調の年」でした。

　それが翌年の2019年にはパウエルの「忍耐強い金融政策ができる」といった発言（1月4日のパウエルプット）によって、年初より株式は堅調となりました。それは前年とは打って変わり、年間通して上昇トレンドを描きましたが、下半期からは利下げの実行も株式の後押しとなり「パウエルラリー」と化しました（次図）。

　このように、パウエル就任以降は「利上げ＝株式停滞」「利下げ＝株式上昇」といった構図が鮮明となりました。FRBの市場に与える影響力がどれほど強力か、ということをシンプルに表す格好となりました。そして、そのモメンタム（勢い）は翌2020年初頭から続くものと思われていました。

6-2 コロナパンデミック直前のパウエルFRB

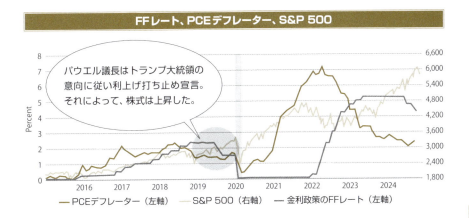

2020年1月、中東情勢の不安定化が乱高下をもたらす

　2020年の相場は、1月3日に米軍ドローンによるバグダッド空爆があり、これが年初の大きな話題となり、先行き不安感をマーケット全般にもたらすことになりました。

　少なくとも、長年マーケット関係のコアな部分に関わっている方の中には、2020年のマーケットに嫌な予感がした、という方が少なからずいたのではないでしょうか。筆者自身もそのように直感しました。

　簡単にいえば、**2020年のマーケットは中東情勢といった「地政学リスク」からスタート**、米軍によるバグダッド空爆（1月3日）によって株式市場はリスクオフの様相となり、年初から米長期金利は低下し原油価格は上昇しました。

　荒い値動きをみせましたが、結局のところ「開戦ナシ」に行き着き、**年初から10日も経っていない時点でこのボラティリティは先行きに不安感を与える**ことになりました。WTI原油先物価格は急騰したのち急落。ちょっとしたことで乱高下が起きる。AI活用の投機スタイルの確立と、それに伴うボラティリティの高さゆえに、年初から嫌な予感がしたものです。

6-2 コロナパンデミック直前のパウエルFRB

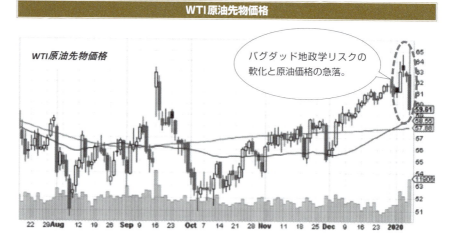

コロナパンデミックの予兆

①2020年1月は中東情勢における地政学リスクが発生
②そののち、新型コロナウイルスの感染拡大の報道が活発化

　1月末になると新型コロナウイルスの感染拡大の報道が活発になり、債券市場では逆イールド（10年債利回り－3ヵ月利回りがマイナス）が発生する事態となりました。パウエル議長は「現時点で経済への影響はわからない」と率直に答えましたが、ただ、このような事態になると、誰しも**観光産業、サービス業などは確実に打撃を受けることが容易に想定可能**となります。規制が敷かれるのは明白でしたが、議長に医学的なコメントを期待する者はいませんでした。**経済への影響といった意味でFRB議長のコメントに不安感を覚えた市場参加者も多かった**印象です。

　中国の武漢研究所発といわれたこの新型コロナ騒動は、各国におけるサプライチェーンの見直しとともに「中国からの渡航禁止」という政治判断が求められました。しかしながらそれはFRBの役割ではないので、ここでもパウエルFRBは後手に回ることになります。

6-2　コロナパンデミック直前のパウエルFRB

　「先手を打つ」という言葉がありますが、金融政策において「いつクラッシュが起きるのか」「いつバブルが弾けるのか」、あるいはこの時期ならば「いつ感染爆発が起こるのか」といったことを事前に想定するのは至難の業です。

　かといって状況が刻々と深刻化しているにもかかわらず何も手を打たない、ということになれば、政治との兼ね合いがあるとはいえ、マーケットに影響を及ぼし「金融市場の安定化」に懸念が発生してしまいます。ちょっとした報道で不安定化し、乱高下が発生することが露呈したわかりやすい事例だったといえます。

第6章　パウエルFRB

6-3
コロナパンデミック下における金融政策の波及ラグ

金融・経済状況に新型コロナウイルスの感染拡大といったような予期せぬ出来事が突発的に起こり得ることは歴史が証明しています。このようなときは試行錯誤的にリスクを背負いながら先手を打たないことには、その金融政策の効果は遅れるどころかその後のテールリスクにもつながりかねません。パウエルFRBはどうだったのでしょうか?

▶▶ 金融政策の効果波及におけるタイムラグ

そもそもの原則論として、**金融政策を実行してその効果が出てくるには1年半を軸とした1〜2年**といわれています。当然、セクター (業種) によって異なりますが、歴史的観点からすると住宅投資と耐久財消費は1年以内、企業の設備投資の効果が表れるにはそれ以上、といわれています。

金融政策 (ここでは緩和政策) を発動して、その効果を得られるまでの時間軸上の段階は次のようにになります。

---

①政策必要性の**認知ラグ**➡②政策決定までの**決定ラグ**➡③実際に実行されるまでの**実行ラグ**➡④決定したのちの**効果ラグ**

金融政策の場合は「決定は早いが効果は遅い」、財政政策の場合は逆に「決定が遅く効果は早い」といわれています。

6-3　コロナパンデミック下における金融政策の波及ラグ

　しかしながらこの前提の話には齟齬があり、認識の具体性に欠けているところがあることにも注意しなくてはいけません。まず、金融政策の決定は早いという箇所ですが、上記の流れを確認すれば金融当局者（ここではFRB）のコロナパンデミックにおける**政策必要性の認知・決定が遅れると、当然ながら効果は著しく遅くなります**。それはその時々のFRBの判断力に委ねられているので、メンバーの資質によってはうまく対応できないこともあるのです。

　では新型コロナウイルスの感染状況がマーケットに乱高下をもたらした2020年2月下旬、金融市場の安定化を実質的な責務としているパウエルFRBの対応はどうだったのでしょうか？

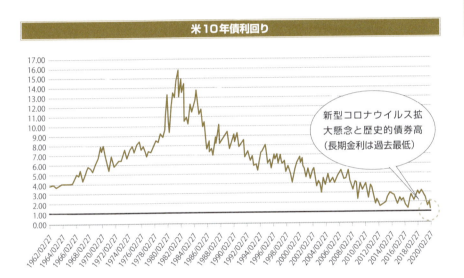

6-3 コロナパンデミック下における金融政策の波及ラグ

▶▶ FRBの認知ラグ

　株式の乱高下のみならず、新型コロナウイルスの感染拡大が明らかになるにつれ、歴史的な債券高によって米国の10年債利回りは過去最低水準に到達しました（前ページの図）。しかしそれでもパウエルFRBは当問題に関し**政策転換の姿勢を崩さない頑迷な姿勢を示しました**。その姿勢がさらなる債券高と株式の乱高下に直結したのです。

　FRBとしては、感染拡大による経済への影響を防ぐ役割は、商業施設への規制を敷くなど、あくまでバイデン政権が担うべきであって、その結果にFRBの金融政策が続くといった考えだったので、政権の動きを念頭に静観している様子がうかがえました。

　もっといってしまえば、**本当のパンデミックではなくインフォデミック*かもしれない**、といった疑いをFRBが持っていたのは明らかです。つまり、コロナショックの発生そのものに疑いがあったので、「金融市場が不安定化したものの一過性で終わるのではないか」という認知の遅れ（認知ラグ）が発生している状態でした。この認知ラグが長くなると、政策効果の有効性は失われてしまいます。

＊**インフォデミック**　SNS等を通じて情報が錯綜（さくそう）し、正確な情報と不正確な情報の見分けがつかないまま急激に拡散される現象。「インフォメーション」および一定の地域での急激な増加を意味する「エピデミック」を合わせた造語。

6-4
コロナパンデミック下の
パウエルFRB

　感染症の拡大という事態は、近年のFRBには身に降りかかったことのない出来事で、FRBの動揺ぶりはその発信内容からうかがい知ることができました。基本的にFRBは経済指標を基準に政策判断をするのですが、感染症が経済指標に表れるまでタイムラグが存在します。しかし、マーケットは、経済指標を先走るかたちで暴落し、パウエルFRBはそれに誘導されるようにタクトを振るっていきます。

▶▶ 政策決定ラグが長くなった理由

　突如として発生した新型コロナの問題はインフォデミックの可能性が残るリスクファクターの1つにすぎず、2020年2月当時のFFレートの誘導目標（1.50～1.75%）がFRBの責務達成に適切な水準である――と、実際にパウエルは公言していましたが、株式の乱高下を伴う急落とともにそのスタンスを**3月3日に変更**しました。FOMCは臨時会合を開いて誘導目標を50bp（0.50%）引き下げ「1.00～1.25%」としたのです。

　当時、筆者自身も自社（eリサーチ＆コンサルティング、略称：ERC）発行のリポートにおいて次のように解説していました。

**FRBのボラ抑制は「実質3月6日（金）がリミット」、3月会合ではないその理由
[ERCリポート 2020年2月29日]**

3月1週まで（3月6日まで）、金融当局（ここではFed）が「米国のファンダメンタルズは堅調だ（よって利下げの判断は時期尚早）」、と言わんばかりの態度だとすれば乱高下は継続する、と既にお伝えした。

反対解釈すれば、FF金利先物市場から算出される利下げ確率が高まってきたいま、FOMCメンバーは、それまでの「利下げナシ」の姿勢から180度変更し、何らかの緩和メッセージを発信しないと乱高下は収まらない、ということ。

第6章 パウエルFRB

6-4 コロナパンデミック下のパウエルFRB

ここからは具体論になるが、この尋常でない歴史的暴落に対してFRB高官は無関心を装うことはできないし、「判断は時期尚早」なんて数日前に言っていたことを、**即座に修正しなくてはいけない**。少なくともそういう風に見せかけなくてはいけないとも言った。（当ブログ）メディアへのリークレベルでもいい。

で、誤解を招かないようにいえば（ここからが重要）、**3月FOMCは17日-18日なのだが、実質的にはここが勝負というわけではない。**

本日を起算日とすれば政策決定の18日までにまだ2週間あるわけでしょう？その間、指をくわえているだけでFRBが何もしないということになれば当日緩和しても、下げ切っている可能性があるわけです。いま流行りの「初動」の判断力がFRBに求められている。（抜粋）

このような主張とともに、大幅な利下げとバランスシートの拡大のセットを、ERCとしては強調したわけですが、3月3日の緊急会合での緩和レベル（50bp引き下げ）が低かったと感じたからか、FRBは3月17～18日の定期会合（FOMC）直前の**15日にまたも緊急会合を開き（定期会合前倒し）、一気にFFレートの誘導目標をゼロ金利（0.00～0.25%）へと引き下げ**ました。次の囲みは当時の声明文で、政策決定箇所になります。

Federal Reserve issues FOMC statement [March 15, 2020]

.. the Committee decided to lower the target range for the federal funds rate to 0 to 1/4 percent.

.. the Committee will increase its holdings of Treasury securities by at least $500 billion and its holdings of agency mortgage-backed securities by at least $200 billion. The Committee will also reinvest all principal payments from the Federal Reserve's holdings of agency debt and agency mortgage-backed securities in agency mortgage-backed securities.

FOMCは、FFレートの誘導目標を0～0.25%（ゼロ金利）に引き下げることを決定した。（中略）

6-4 コロナパンデミック下のパウエルFRB

> FOMCは、国債の保有額を少なくとも5000億ドル、エージェンシーMBSの保有額を少なくとも2000億ドル増やす。FOMCはまた、FRBが保有するエージェンシー債およびエージェンシーMBSの元本返済をすべてエージェンシーMBSに再投資する。(訳)

　つまりこれは、2014年10月に終了した長期にわたるLSAP(QE含む)の再現で、やり方としては当時のバーナンキFRBが繰り出した政策を同時に行うという、いわば**ゼロ金利とLSAP(大規模資産買取りプログラム)の抱き合わせ緩和政策**で、短期・長期金利をともに一気に引き下げるという荒業に出たことになります。

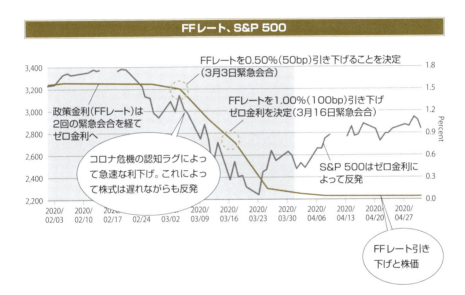

　ただし、いささか決定が後手に回ったので、マーケットは暴落し、緊急会合といえども後手の対応になった印象は否めませんでした。パウエル議長は緊急利下げ後の記者会見で「FRBは、個人や小規模企業、失業している人たちを救う手立てを持ち合わせてはいない。特定の人々や集団を救済するのは**財政政策の役割**。財政政策は極めて重要だと考える」と発言し、改めて疫病の流行からくる経済不況について**金融政策の限界**を発信しました。FRBが後手に回ったように見えたのは、やはりこのような考えが根底にあったからだといえそうです。

バーナンキFRBのQEを踏襲したパウエルFRBのコロナ対策

　さらにLSAP（大規模資産買取りプログラム）については、「**週ごと・月ごとの購入上限はなく、あくまでオープンエンド型**であり、そのような決まりに縛られることはなく、明日以降、強力に実行する」と、金融政策でできることはすべて、そして直ちに実行するといった決意を述べました。

　結果、株式はゼロ金利が発動された日から急反発を起こしますが、これは2009年3月に発動したバーナンキFRB下における「QE1」（長期国債6000億ドル）の発動時とそっくりな動きになりました（次図）。

ショック時のFRB議長政策と株価の値動き

▶▶ 「ゼロ金利」について

　歴史的にも政策金利（FFレート）が「ゼロ水準」となったのは、①2008年のリーマンショック時と、②2020年のコロナパンデミック時の2回のみです。

　2025年現存の見通しでは、今後、ゼロ金利までの利下げは想定し難く、よってQE到来も考えにくい状況です。

　1950年代にFFレートがゼロに近づいたことがあったものの、当時の政策金利は公定歩合でした。その後、1960年代後半から80年初頭までグレートインフレという時期がありました。当時は現在と違って高インフレとリセッション（景気後退）が頻発していましたが、その後、金融当局者の政策分析・決定によってリセッションが頻発することはなくなったという経緯があります。

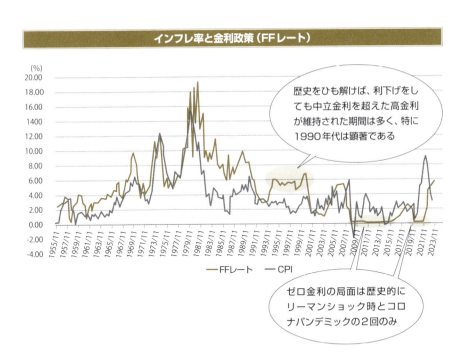

インフレ率と金利政策（FFレート）

歴史をひも解けば、利下げをしても中立金利を超えた高金利が維持された期間は多く、特に1990年代は顕著である

ゼロ金利の局面は歴史的にリーマンショック時とコロナパンデミックの2回のみ

何がいいたいのかといえば、現在では「米利下げ」というワードに頼ったメディア関係者等により、その言葉に乗せられた一般投資家が損失を被るのではないか、ということを個人的に危惧しているということです。

「米利下げ」といえども**過去の2回のゼロ金利政策**のケースと違い、利下げしたとしてもゼロ水準まで到達することは考えにくいので、そこでポジションを大きくしてしまうと、機関・個人問わず投資家が損失を被ってしまう、ということになります。

▶▶ 投資家が手堅く利益を上げるのであれば、ショック後のFRB量的緩和のタイミングが好機

つまり結局のところ株式というものはリーマンショックやコロナショックなど何らかの相場急変が発生したときに暴落し、ゼロ水準まで利下げしたときが好機到来、ということになります。そこでの買いのタイミングとしては、**中央銀行（ここではFRB）が大規模な資産買取りを発信したとき**というシンプルな構造になっているのです。抜け目のない投資家であれば誰でも知っている投資サイクルの1つ、といっても過言ではありません。

結局、FRBを見る最大の理由は「**マーケットにとってFRBがどのような位置付けで、その政策決定がマーケットにどのような影響を与えるのか**」ということであって、FRB自体を勉強することではありません。

本書も、FRBの書籍ではあるものの、政策インパクトの重要性を伝えていくことを目的としています。皆がショックを受け悲観的になっており、**確信を抱けないときに買う**、というのは大変勇気のいることなのですが、暴落したときに中央銀行からそのような（QEのような）アナウンスが発信されるというのは、「**ここから株式は上昇します**」と言っていることと同義だといえます。

よって、ふだん株式投資、資産形成に気後れしがちな人たちも、このタイミングさえ認識していれば年中マーケットに張り付く必要もありませんし、本業の仕事に集中していればよい、ということになります。この法則は現時点で"不変の真理"だといえそうです。そういった見地から「FRBの政策」を観察することが重要です。

▶▶ コロナパンデミックの不確実性から
ドル流動性スワップを3月19日に表明

　さらにパウエルFRBは、緊急会合から3日後の3月19日に、リーマン時（2008年）に締結していたドルスワップライン（対主要5中銀）を強化し、9ヵ国中銀を加えました。

　その目的は「各国におけるドル資金調達市場の緊張を緩和させること」（FRB、3月19日）です。**危機によって不確実性が高まれば各国のドル需要は高まります**。結果、ドルの調達コストが高くなるので、各国の需要に対応した形になります。

　各国の金融機関が短期金融市場でドル調達が難しくなった場合、主要5中銀のようにスワップラインを締結している国であればドル供給オペによって調達可能となるのですが、スワップラインを締結していない国ではそれがスムーズに進みません。

　そのような場合、例えば各国がドルの流動性を確保するために米国債を売ってしまえば、**FRB自らが実施している「金利低下政策」と相反することにもなる**のです。

　結果、ドルの大量供給はリーマン時ほどではありませんでしたが、派手に打ち上げられることになりました。

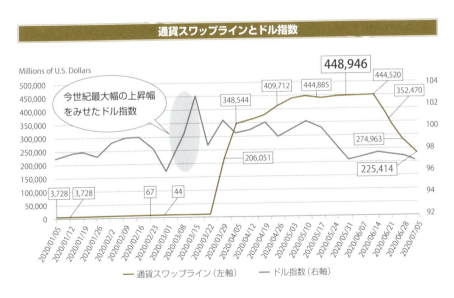

通貨スワップラインとドル指数

6-4 コロナパンデミック下のパウエルFRB

前ページの図で確認できるように、3月3日の緊急会合(FOMC)からドル指数は急激に上昇しましたが、この**上昇率は今世紀で最大幅**となりました。

各国のドル需要への対応は、先述のように米国内の金利上昇の抑制にもつながるので、「QEの補完」といった意味合いもあります。なにより、大量のドルを供給することによって金融市場の安定化も図れます。

このスワップラインは**期間6ヵ月・総額4500億ドル**でしたが、図からわかるのは、わずか2ヵ月で限度額に到達し、ドル需要の減退とともにスワップ残高が縮小したということです。結果、**ドルの急騰も抑制された**ことが確認できます。

世界中でドル資金の調達が円滑になればサプライチェーンの混乱などを早期に抑制できることから、16日のLSAPに続き早期に実施されたといえるでしょう。

6-5
2021年の「ボトルネック・インフレ」に対するFRBの対応は機能不全に

FRBはコロナパンデミック直後にあらゆる景気刺激策を発動し、リセッション（景気後退期）を回避するよう尽力しました。その結果、2021年には景気回復期に突入しましたが、消費者需要の高まりに反するように供給制約が悪化したため、激しいインフレが発生するといった事態になりました。

▶▶ 2021年、デフレとの戦いからインフレとの戦いへ移行したパウエルFRB

2020年に大統領がトランプからバイデンへ。パウエルFRBの体制は変わらず。

コロナパンデミックからのリセッション（景気後退）を防ぐべく、FRBは拡張的緩和政策を繰り出しました。

その結果、2021年には低金利政策によって消費者需要は大きくなったものの、バイデン政権をはじめとする各国の政権によるコロナ対策によって労働供給が著しく減少したため、供給不足（供給制約）による激しいインフレが長期間にわたり持続する事態に陥ってしまいました。これは需給のスラック（緩み）ということになります。

感染が怖いので人と人の距離をあける、危険なので工場を閉鎖する、といった流れが各国で継続し供給網が混乱することで、需要に供給が追い付かず、それがインフレへとつながっていったのです。

▶▶ FRBは積極的な利上げ局面へ

経緯はどうであれ、結局のところインフレ率は上昇してしまうので、FRBは政策金利を引き上げざるを得ないことになります。

政府による感染症対策（人との距離をあける、それによる工場閉鎖など）によって人手不足となり、そこからの供給不足によって、FRBが実施している低金利政策からの需要喚起が整合性を保てない状況へと陥ってしまったのです。

第6章　パウエルFRB

133

6-5　2021年の「ボトルネック・インフレ」に対するFRBの対応は機能不全に

このような、**生産要素が不足することで需要とのミスマッチが起こることをボトルネック・インフレ（Bottleneck Inflation）**といいますが、この場合には政権の財政政策に金融当局の金融政策は劣後することになります。

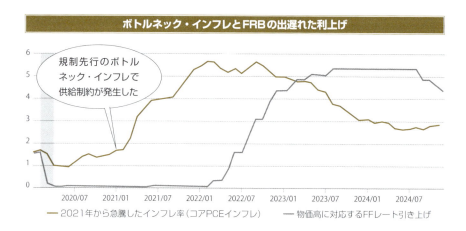

つまり投資家目線でいうと、この場合は金融政策ではなく政権の経済政策・規制等を優先的にチェックする必要がある、ということになったのです。政権がこのような政策運営をするので、金融当局（FRB）としてはそれの尻拭いといいますか、どうしても後手の対応とならざるを得なくなりました。

▶▶ 高金利政策が長期化したパウエルFRB

パウエルFRBは、コロナパンデミックからの供給制約が生じた2021年を通して「**インフレは一時的**」と強調し、「**ゼロ金利**」を重要視し維持する姿勢を継続しました。この政策必要性の**認知の遅れによって、事態は長引く**ことになります。

図で確認できるように、この「**利上げ遅滞**」がのちのちの米高金利長期化へとつながっていったのです。「ボトルネック・インフレに早期に対応していれば、のちのちの高金利継続を回避できた可能性は著しく高い」といった論調は、2025年現在でも絶えません。

6-5 2021年の「ボトルネック・インフレ」に対するFRBの対応は機能不全に

6-3節では次のように示しましたが、結局のところ、金融当局（ここではFRB）が未然にインフレの芽を察知して**早期に対処していれば**、高金利政策がずるずると長引くことはなかったのです。

①政策必要性の**認知ラグ**➡②政策決定までの**決定ラグ**➡③実際に実行されるまでの**実行ラグ**➡④決定したのちの**効果ラグ**

これを日本国内の視点から見ると、パウエルFRBがボトルネック・インフレに早期対応していれば、金利高のドル高が長期化することはなく、相対的な**円安が長引くことはありませんでした**。日本国内では、日銀の政策に議論が向くことになりますが、「米国の尻拭い」といった側面は大きく、米国の金融当局が今回のようにミスをすれば日銀が尻拭いをすることになり、そして日銀が叩かれるといったケースが目につきます。

つまり、**インフレの脅威を「一時的」と言い放ったパウエルFRBですが、それは一時的でなく長期的な脅威だったので早期に対応する必要性があったにもかかわらず**、インフレターゲットの「2%」に到達してからもゼロ金利を継続してしまい「インフレの時代」に突入してしまったのです（次図）。

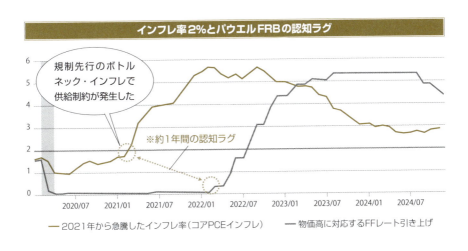

6-5　2021年の「ボトルネック・インフレ」に対するFRBの対応は機能不全に

　結局のところパウエルFRBは、2021年11月末に「一時的」との見解を発信していたものの、誤った現状認識によって、翌22年3月から連続的な利上げに追い込まれたのです。これが**結果として米国の高金利長期化につながる**ことになり、日本の視点から見ればドル高円安が長期化することにつながりました。

　それだけ、**基軸通貨国の認知のミス（認知ラグ）というものは他国に多大なる影響を及ぼす**ことになるのですが、パウエルFRBの典型的な信認失墜として、歴史に刻まれることになりました。

6-6
2022年春先からの出遅れた利上げサイクル

2021年からの激しいインフレ局面に後手を踏んでしまったパウエルFRBは、急激な引き締めサイクルに入っていきます。マーケットは金融政策の状況を敏感に感じ取り、パウエル議長の発信自体が年間に渡って足かせとなってしまいました。ある意味、FRBとマーケットの関連性が浮き彫りとなった時期だといえます。

▶▶ 2021年、デフレとの戦いからインフレとの戦いへ移行したパウエルFRB

インフレ率が、FRBがターゲットとしている「2%」を超えたにもかかわらず、金融当局（FRB）は静観を決め込んでからちょうど1年が経過。5%超となったインフレに後追いで対応せざるを得なくなり、アグレッシブな利上げを強行せざるを得ませんでした。その引き締め路線は22年3月のFOMCで宣言されました。

結論をいいますと、2022年3月声明文における第3段落の後半部に、政策決定箇所が掲載されました（次の囲みは局所抜粋）。

Federal Reserve issues FOMC statement [March 16, 2022]

.. In support of these goals, the Committee decided to **raise** the target range for the federal funds rate to 1/4 to 1/2 percent and anticipates that ongoing increases in the target range will be appropriate. In addition, **the Committee expects to begin reducing its holdings of Treasury securities and agency debt and agency mortgage-backed securities** at a coming meeting.

FOMCはFFレートの誘導目標を0.25～0.50%に引き上げることを決定し、目標範囲の継続的な引き上げが適切であると予想。さらに、FOMCは次回の会合で、国債、エージェンシー債、エージェンシーMBSの保有を削減し始める予定。（訳）

第6章 パウエルFRB

6-6 2022年春先からの出遅れた利上げサイクル

　つまりインフレの脅威を感じ取り、そこから1年経過し、ようやくパウエルFRBは重い腰を上げたのです。遅れたことを感じ取ったせいか、金利の引き上げのみならず、バランスシート調整（QT）にも踏み出しました。

　皮肉なことに、コロナパンデミックからの緩和政策は焦りの色がにじみ出た「ゼロ金利と量的緩和」という**金利政策と量的政策の抱き合わせ政策**になりました。

　それに続く「利上げと量的引き締め」といった急激な緊縮政策で、マーケットの視点からすれば、大ブレーキとなります。

　このように、2022年は3月からの引き締め路線によって、年間通して米株は反転の兆しが見えませんでした。NASDAQやNASDAQ100といったハイテク指数は金利敏感株にあたるので、その傾向は特に顕著でした。

6-6 2022年春先からの出遅れた利上げサイクル

▶▶ FRB政策運営における意思決定の遅延は市場参加者の機会損失につながる

　FRBは23年7月まで金利を引き上げ続け、FFレートの誘導目標を5.25～5.50%まで引き上げました。株式は当然ながら上値を抑えられます（上図）。

　政策金利（FFレート）だけでなく量的政策（引き締め政策、QT）も同時進行させることでインフレ率を低下させようとしましたが、FRBの認知ラグが長くなったことによって（利上げが後手に回った）、市場参加者の損失は大きくなりました。

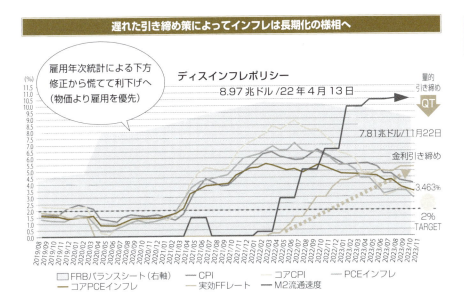

遅れた引き締め策によってインフレは長期化の様相へ

　換言すれば、利上げしなくてはならない状況だったにもかかわらず、パウエルFRBがそれを認知できなかったため、**利上げが後手となり（上図、金融引き締め）、連続的な利上げをすることによって株式は年間通して下落トレンドに入った**、ということになります。

6-6 2022年春先からの出遅れた利上げサイクル

利上げとともにベースマネーの縮小である「QT」も抱き合わせ戦略として実行されましたが、あくまで後手の対応でした。

筆者自身は、「今年の話題はインフレと利上げであっという間に終わる」と2022年の年初にERCのリポートで繰り返し伝えていましたが、そのとおりになったのです。

ただ、「同年2022年秋に行われる米中間選挙にて共和党が大勝した場合（上下両院奪還）には株式は反発」とも伝えていました。

しかし、結果としては**共和党が奪還したのは下院のみで、ねじれという結果になりました**。ねじれたことで、企業業績を苦しめる増税や規制強化などの政策は成立しにくくなったものの、株式の動きは鈍いままで、翌年（2023年）まで鈍化傾向が継続したのです。

COLUMN ## 米政権とFRBの金融政策によってマーケットは変化する
－日本の資産運用ビギナーも安易に乗せられてはいけない－

政治と金融政策によって株価が決まってくる——というのは、一般の方からすると非常に面倒臭い話だと思います。逆にいえば、日本国内では「資産運用で簡単にお金が増やせる」といった印象操作が盛んですが、まったく違うのが実情です。簡単に利益を出すことができるのであれば、なぜいままでそうできなかったのか。さらには、いまになって安易な資産運用の話がささやかれていますが、当然ながら元本割れというのが基本であって、そんなに安易なものではありません。

一定程度の経済政策と金融政策、そして企業業績がわからないことには、「貯蓄から投資へ」も簡単ではありません。

6-7
利上げサイクルと銀行破綻

2023年に入り、パウエルFRBの積極的な利上げサイクルの中で、ほとんどの市場関係者が予想していなかった新たな問題が発生しました。一部の銀行が債券投資に大きく傾斜していたことから問題が顕在化したのです。

▶▶ 2023年、パウエルFRBの利上げサイクルの中で生じた銀行破綻とマーケット懸念

FRBの利上げサイクルが終焉を迎えるのではないかと噂される中、2023年3月10日に突如として起こったのが米国のシリコンバレー銀行（Silicon Valley Bank、以下SVB）の経営破綻でした。

FRBの積極的な利上げと、このSVB破綻の結び付きが大きく報じられたことから、市場は大きく落ち込みました。どういうことかというと、SVBは債券投資に大きく傾斜していたため、FRBの連続的な利上げによって債券価格が下落し（利回り上昇）、含み損が膨張する一方となったのです。

SNSの発展といった時代背景も関係し、顧客企業もSVBから資金を引き上げ始め、こうなってくると噂が噂を呼んで取り付け騒ぎが拡大してしまい、空売り筋からもSVBがターゲットとされて株価は急落しました。3月10日にSVBはFDIC＊（米連邦預金保険公社）の管理下に置かれ、似たような経営体制の銀行も空売り筋から標的にされたのです。

▶▶ 緩和政策と引き締め政策が銀行経営に大きく影響

SVBがFRBの利上げと結び付けられた背景には、SVBの預金残高のほとんどが長期国債に向けられていたからです。

つまり、2020年3月からのFRBのゼロ金利政策とLSAP（大型資産買取り）によって金利は低くなり債券価格は上昇したのですが、時期を同じくして同銀行の預金残高は620億ドル（2020年3月）から1年間で倍額の1240億ドルに跳ね上がっていました。

＊**FDIC** Federal Deposit Insurance Corporationの略。

第6章 パウエルFRB

6-7　利上げサイクルと銀行破綻

　金融当局の大型緩和スタンスといった背景によって、SVBは預金残高のほとんど
を長期債で運用することになったのですが、今度は逆に、**金利引き締めスタンスに
変更されたことによって、このような事態に陥った**のです。

　SVBの総資産額が全米16位の規模だったということもあり、2008年以降では
最大の銀行破綻となったのですが、米財務省はシステミックリスク（金融システム
の機能不全）を防ぐため、預金保護の上限撤廃という異例の措置に踏み切りました。

▶▶ マーケットに直撃したSNSの発展といった時代背景

　さらに、この事態を早期に収めるべく、バイデン-イエレン（財務省長官）協議で
は、「SVBの破綻処理に伴う損失が納税者の負担になることはない」というアナウ
ンスも付け加えられ、「システミックリスクを防ぐ」というアピールが大々的になさ
れました。結果としてマーケットの混乱は抑制されましたが、この「インフレ下の取
り付け騒ぎ」によって、FRBにも金利政策の柔軟さが問われることになりました。

　それ以前もそうでしたが、SVB破綻や金融当局のアナウンス、そこからのマー
ケットへの波及には、**SNSやオンラインでの社会形態が急速に拡大したことが大き
く影響**しています。

　**「コロナ危機」を経由したことによって、オンラインでのつながりといった社会へ
大きく変貌を遂げたことを改めて認識させられる出来事だった**といえるのではない
でしょうか。「あそこの銀行は危ない」と一度発信されれば、**SNSの社会では、それ
が事実でなかったとしても世界中に発信されてしまう**のです。

▶▶ 金融政策の基データとなる雇用統計の大きな波

　3-2節「『雇用の最大化』の捉え方①」でお伝えしたように、2024年8月21日に
米労働省が雇用統計の年次改定を公表しました。

　この結果は暫定値（速報値）ではあったものの、繰り返し述べてきたとおり**「雇用
統計とマーケットの関係」からすると速報値がすべて**、といった作用が働くことは
否めません。よって、暫定値ではあったものの、当初の市場予想から大きく乖離した
大幅下方修正であったため（2024年3月までの1年間の月雇用者数が約6万
8,000人上乗せされていた）、FRBですら動揺し、その後の政策運営の変更を余儀
なくされました。

142

6-7 利上げサイクルと銀行破綻

公表が30分あまり遅れるという事態も市場に緊張をもたらしました。それまで米労働市場は堅調とみられ、景気の過熱を抑えるべくインフレ率を2％水準に下げる目的で利上げが継続されている中での出来事だったので、なおさらです。

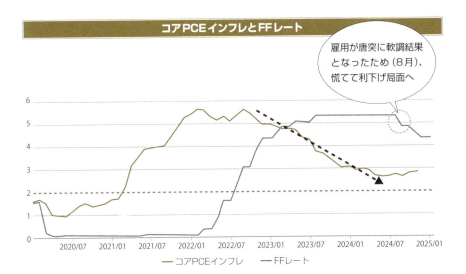

コアPCEインフレとFFレート

雇用が唐突に軟調結果となったため（8月）、慌てて利下げ局面へ

￥2％目標を掲げているFRBとしても「どうすればよいのか？」といった心理が働いたのは当然ですが、**2大責務を天秤にかけた場合、雇用を優先させる**といったスタンスが実際の政策運営に反映されました。

しかしその後、2025年1月に公表された2024年12月の雇用統計は堅調な結果となり、今度は「利下げ局面の終了」といった当局者発言も報道されるようになりました。

このように、政策運営の基データに波があった場合、市場にもFRBの動揺が波及します。つまり、株式や為替といったマーケットは報道に一喜一憂し、ボラティリティ（変動幅）が高くなるのです。

先述したように、2020年のコロナパンデミックを経由したことによって情報伝播のスピードがより速くなりました。これによってボラ高となり、FRBが実際の責務としている「金融市場の安定化」は損なわれやすい環境にあるのは否めません。

6-7 利上げサイクルと銀行破綻

雇用の年次改定から急激な利下げに走る。そしてトランプ大統領も利下げを好みます。

▶▶ 利下げを好む大統領の言いなりになれば、逆に利上げをしなくてはいけない状況に

しかし利下げをすればするほど景気は過熱し、逆に利上げをしなくてはいけない環境に陥ってしまうというディレンマが存在します。3-2節で説明したように、物価高と雇用環境がトレードオフの関係にあるときには、時間軸を調整するしかないのが実情だといえるでしょう。

投資家が中央銀行の政策運営を軸にマーケットを捉えるのであれば、このような時間軸政策というものを認識しておく必要があるように思えます。

COLUMN より重要な中央銀行の政策判断

リーマンショックやコロナショックなど、何らかのアクシデントが発生した場合、中央銀行がまずやることは、流動性の供給です。

予期せぬ事態が発生した場合、必要な資金が確保できず、高い金利での資金調達を余儀なくされるなど、資金繰りに窮する経済急変に中央銀行は対応しなくてはいけなくなります。通常の責務は物価の安定を軸としていますが、緊急事態にも緊急措置で対応します。

しかしその「何らかのショック」が「一時的なものにすぎない」とか「金融システムに大きな影響を与えない」と判断された場合には、特別な措置を行わず、危機を見過ごすことにつながってしまうケースがあります。

よく「現在がバブル状態なのか否か判断が難しい」といった話がありますが、それも中央銀行による認知の程度によって、その後の事態悪化を防げる場合もあれば、防げない場合もあるということです。

パウエルFRBは2021年からの高インフレを「一時的なもの」として放置したため、その後インフレは長期化してしまいました。特定の銀行破綻もありましたが、すべてを管理するのは難しく、銀行破綻のケースでは速やかな措置によって金融システム全体に波及することを回避できました。そのような意味で、金融政策の中身だけでなく、それを実行する判断のスピードも、現在の中央銀行には求められています。

144

第7章

FRBと基軸通貨ドル

USD（米ドル）は世界の基軸通貨であり、FRBは「ドルの守護神」という位置付けとなっています。2025年となった現在でも、この構図に変化はありません。

毎年議論になるこの話題ですが、今後、この構図に変化はあるのでしょうか？

7-1
基軸通貨米ドルと為替レート

FRBの実施するFFレートの引き上げ・引き下げ・据え置きといった金利政策によって、各国の為替レートは自助努力も虚しく変動していきます。

よって、為替市場参加者は常にFRBの政策を追いかけるような形になります。

▶▶ FRBによる利上げサイクルでドルの価値は上がり、利下げサイクルでドルの価値は下落する

基本原則として、アメリカの中央銀行であるFRBが政策金利 (FFレート) を引き上げればドル高、引き下げればドル安です。

日本の通貨である円を例にとれば、ドルが上がれば円安、ドルが下がれば円高です。つまりシーソーの関係になっています。よって、米国がどういう経緯であれインフレに悩まされているときには、景気の過熱を抑えるためにFRBは利上げサイクルに突入し、ドル高円安となります。

このような場合、日本の通貨当局が円安進行を食い止めるため、いかに為替介入 (ドル売り円買い介入) をしようとも、**米国のドルが世界の基軸通貨**ということもあり、この流れを止めることは基本的には難しいです。それは歴史が証明しています。

▶▶ FRBの利上げは他国通貨の減価であり、新興国にとっては債務の膨張

新興国にとっても米国のインフレ状況は問題です。なぜかというと、上記のようにインフレの下でFRBが利上げをしてしまうと、世界中に放出されていた過剰流動性 (過剰マネー) は米国に巻き戻され、新興国からは資金が引き上げられます (リパトリエーション、資金環流)。

7-1　基軸通貨米ドルと為替レート

　新興国の対外債務がどうなるかというと、FRBの利上げによって自国通貨は減価するわけですから、対外債務は大きくなり、通貨危機に陥ってしまいます。筆者の別著『最新為替の基本とカラクリがよ〜くわかる本 [第2版]』ではFRBを軸とした為替の内容を詳しく解説していますが、ここではザックリと基本的な構造を説明します。

　なぜなら、このような流れは昔から変わっておらず、現状においても、そしてアメリカでどのような政権になったとしても、この流れは変化しないからです。

　歴史的に、何らかのショックが世界経済を襲ったとき、必ずといっていいほどドル不安があおられますが、それはアメリカの中央銀行であるFRBが極端な緩和政策を発動するため、金利が低くなりドル売りが始まることがドル不安の原因となるためです。結局のところ、その後の経済回復によって今度は金利を引き上げてドル高になっていく、といった長期的なサイクルが根付いているので、ドル一極体制といった仕組みは後も変わりがないように思えます。

　つまり、数年前に「中国経済の台頭により人民元のプレゼンスが大きくなる」とか「ユーロ圏の通貨ユーロの台頭により基軸通貨である米ドルの一極集中が脅かされる」といった論調が盛んになった時期もありましたが、結局のところ米ドルを脅かす通貨が出てきていないのが現実であり、将来的にもそうであろうと感じています。

7-2 「ドル一極体制」に変化なしという現実

ユーロや人民元の台頭によって、各国の準備通貨に占める米ドルの割合が減少していき、基軸通貨としてのプレゼンスが縮小していくのでは——といった議論は2010年代からなされ続けてきましたが、実際には顕著な形で見えていないのが実情です。

現在においても同じような報道を目にすることはありますが、「米ドルの優位性に変化なし」というのがIMFの見解となっています。

▶▶ 外貨準備の通貨別構成（COFER*）から見る「ドル優位」といった現実

つまり、「ドル一極体制の崩壊」といったものは蜃気楼の類であり、米ドルを中心とした通貨体制には変化がない、というのが結論だといえそうです。

2019年の別著においても同様のことを述べましたが、数年経って直近のIMFデータを確認した場合、結果的には目に見えての大きな変化はありませんでした。

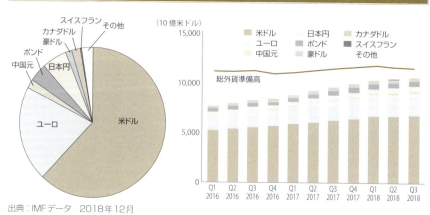

総外貨準備高の通貨別構成（2018年第3四半期）とその推移

出典：IMFデータ　2018年12月

＊ **CFEOR**　Currency Composition of Official Foreign Exchange Reservesの略。

7-2 「ドル一極体制」に変化なしという現実

　過去のIMFデータを確認すれば、米国から仮想敵国とされていたロシアは金融制裁を受ける可能性を考慮し、米ドルを嫌がり人民元の割合を増加させる、といった動きも確かにありました。トランプ大統領が初めて当選したのは2016年12月で、その時点（2016年第4四半期）での世界の総外貨準備高に占めるドルの割合は65.36％でした。

　その後、2018年第3四半期には61.94％まで低下し、6年後の2024年第3四半期には57.39％になっています（次図は2024年3四半期のIMFデータ）。

総外貨準備高の通貨別構成（2024年第3四半期）とその推移

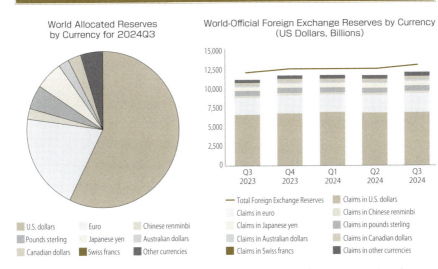

World-Official Foreign Exchange Reserves by Currency (US Dollars, Billions)

	Q3 2023	Q4 2023	Q1 2024	Q2 2024	Q3 2024
Total Foreign Exchange Reserves	11,850.35	12,346.80	12,388.99	12,348.69	12,730.45
Allocated Reserves	10,977.21	11,452.98	11,492.54	11,460.17	11,843.26
Claims in U.S. dollars	6,496.52	6,690.48	6,773.36	6,674.65	6,796.98
Claims in euro	2,146.83	2,284.33	2,252.13	2,263.50	2,370.60
Claims in Chinese renminbi	260.61	262.17	246.98	245.00	257.17
Claims in Japanese yen	601.30	651.68	654.66	641.22	689.20
Claims in pounds sterling	527.92	557.13	562.24	565.60	588.53
Claims in Australian dollars	222.54	245.53	248.37	256.40	268.72
Claims in Canadian dollars	275.40	296.47	295.58	306.78	324.44
Claims in Swiss francs	19.79	22.27	21.91	22.42	19.82
Claims in other currencies	426.30	442.92	437.32	484.60	527.79
Unallocated Reserves	873.14	893.81	896.45	888.51	887.19

出典：IMF

7-2 「ドル一極体制」に変化なしという現実

IMFが集計する公的外貨準備の通貨別構成（COFER、前ページの左上図）に基づくIMF自身の見解は、「**世界経済における米ドルの役割の圧倒的強さから、ドルの優位性が見てとれる**。米国経済の堅調さ、金融政策の引き締め、地政学的リスクの高まりがドルのバリュエーションの上昇に寄与する中、ドルの優位性が注目されている」（2024年Q3報告書）といったもので、「ドル優位に変化なし」というメッセージです。実際には、上記の期間（8年間）で8％下落しているのですが、IMF見解としては「ドル優位」が発信されています。

▶▶ 為替市場におけるドル優位からわかるFRB政策の注目度

2023年第3四半期から2024年第3四半期まで、世界の総外貨準備残高は増加している中で、スイスフランは低迷し、**人民元は逆に減少しています**。そして、その他の「非伝統国通貨」（Claims in other currencies）が増加していることが着目されているのですが、これはメジャーカレンシー以外の、例えば韓国ウォン、シンガポールドル、北欧通貨などのシェアが増加していることを示しています。

つまり米ドルの圧倒的優位に変化はなく、いままで着目されなかった地域通貨のシェアが徐々に増加していることが着目されているのです。

結局のところ**為替市場では、FRBの金融政策が今後も軸**であり、FRBの政策変化・その構造・仕組み・改善点などが注目され続ける、ということになります。

7-3

FRBはドルの守護神なのか？

　FRBは本当にドルの守護神なのでしょうか？　それ以前の問題として、通貨の守護神という言葉は米国で定着しているのでしょうか？

　日本国内では日銀のことを「円の守護神」、FRBのことを「ドルの守護神」というような神格化する言葉によって世間を扇動することが常態化しており、それは中央銀行の本質ではなくマスコミによる商業主義に基づいた言葉であるように思われます。

▶▶ 「通貨の守護神」「強いドルは国益」という国際政治の建前

　「強いドル政策」は1995年、米国のルービン財務長官の下で始められました。

　FRBは「ドルの守護神」と形容されることもありますが、歴史を見てわかるように、常に金利を高くしてドル高を求めているわけではありません。

　本書1-4節でインフレファイターとして紹介した第12代FRB議長ポール・ボルカー氏による積極的な利上げも、「ドルの守護神」として紹介されることがあります。

　しかし1985年（9月22日）のプラザ合意はどうでしょう？　先進5ヵ国で締結されたこの合意は、**ドル高を嫌ったアメリカによる世界的なドル安合意だったわけ**です。他の先進国は、米ドルに対して半ば強制的に自国通貨の減価を求められ、日本は円高となり、それをサポートすべく日本国内では、日銀による金融緩和が始まりました。「ドルの守護神」「ドルの番人」とは一体何なのでしょうか？

▶▶ 「強いドル」といったまやかし

　ボルカーがFRB議長の座に就いた頃には、ハイパーインフレとドル危機、ドル不安といった時代背景がありました。1-4節で述べたように、インフレ退治をすべく長期にわたる利上げサイクルに突入せざるを得なかったという事情があります。

　1980年代、レーガン政権時代には、いわゆるレーガノミクスによる「双子の赤字」が問題となっており、その対策としてプラザ合意（ドル安合意）が締結されました。

第7章　FRBと基軸通貨ドル

151

7-3 FRBはドルの守護神なのか？

　さらに1995年から、クリントン政権下でのルービン財務長官は「強いドル」を強調し、「強いドルは国益であり、強いドルを支持する」といった立場を表明したのですが、結局のところ**通貨高が国益になるときもあり、そうでないときも当然ある**ということになります。

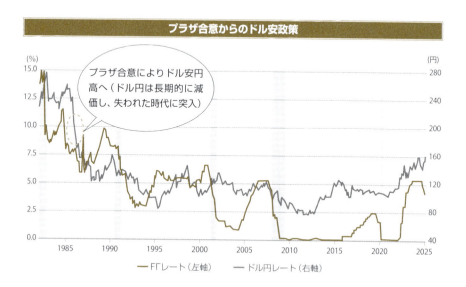

　21世紀に入り、グリーンスパンFRB議長の時代には、景気刺激策として低金利を継続させた結果、米国の住宅バブル崩壊が起こり、それが世界的な金融危機につながりました。結果としてグリーンスパン議長のあとを継承したバーナンキFRB議長は積極的な利下げと量的緩和政策を発動せざるを得なくなり、ドル安円高となったことは記憶に新しいです。実質的に、**「FRBはドルの番人」といった言葉は間違っている**のです。

7-3 FRBはドルの守護神なのか?

▶▶ 資金流入を促すための「強いドル」という宣伝文句

結局のところ、中央銀行を形容するときに用いられる「通貨の番人」といった言葉は、信用力という言葉に傾斜したまやかしといっても過言ではありません。

貿易赤字を抱えている国は外需に頼らざるを得ず、なんとか通貨安にもっていこうとします。露骨に自国通貨売り介入をやってしまうと各国から非難されるため、自国経済の景気刺激策といった名目で利下げや量的緩和に走り、間接的に通貨を安く誘導し、外需に頼ろうとする傾向が2010年代は顕著でした。

つまりどこの中央銀行も、金利を高くし自国通貨を高くするといった政策運営をするわけではなく、米国の「強いドル」という宣伝文句もただの看板にすぎない、ということになります。

「強いドル」というのは他国通貨に対して高く保つわけではなく、**貿易赤字をファイナンスするための手段としての言葉にすぎず、米国への資金流入を促している**のが実態です。

世界各国に外貨準備として米国債を買ってもらわないといけない、そのためには金利を高く設定する。その一方で、ドルは高くなり貿易赤字は拡大するので、他国にペナルティを与える——といった流れが実際のところになります。

通貨の守護神や番人といった言葉は、使い勝手が良いときに使われているだけであり、中央銀行をそのような目で見ると本質を見誤ることになります。

第7章 FRBと基軸通貨ドル

153

7-4

強いドル高政策と背反する「為替報告書」
ードル安と貿易赤字の解消ー

結局のところ、米ドルが基軸通貨であることを望む一方で、ドル高を望むといった「強いドル高政策」は存在しないのです。FRBはドルの守護神というわけではなく、ドル高の方がプラスに働く場合のみ、この言葉が使用されているように思われます。

▶▶ 米財務省の為替報告書

アメリカが本当にドル高を望んでいるのであれば、他国の通貨安政策を批判することはないはずですが、実際には通貨安誘導国をリストアップし、是正措置を採らない国には制裁措置を講じることになります。

米財務省は毎年4月と10月、半期ごとの為替報告書を連邦議会に提出していますが、対米輸出で有利になる自国通貨安を誘導している国を「為替操作国」として認定し、相手国が通貨安に誘導しないようけん制しています。要件は次のとおりです。

①大幅な対米貿易黒字国 (対米貿易黒字額が年間200億ドル以上の国)
②実質的な経常黒字国 (経常黒字額がGDP比2%以上の国)
③継続的に一方的な為替介入をしている国 (過去12ヵ月の介入実績がGDP比2%以上の国)

3つすべてに該当すれば「為替操作国」として制裁対象となり、2つに該当すれば「監視国」としてその国の通貨安政策がモニターされることになります。そしてそれに加え、第1次トランプ政権では、中国を念頭に1つのみ該当の場合においても対米黒字額が著しく高ければ、監視国に認定されるといった例外規定が設けられることになりました。

7-4 強いドル高政策と背反する「為替報告書」

こういったことからわかるのは、アメリカはドル高を望んでいるどころか**ドル安を望んでいる、といった実態**です。そのような意味でFRBは決してドルの守護神というわけではありません。「何としても世界の通貨流通量の中心であり続ける」といった意味で守護神になるのかもしれません。実際に、トランプ大統領は第1次政権のときから**「ドルは強すぎる」「強すぎるドルを求めていない」**と繰り返し発言し、パウエルFRBの利上げ政策を批判していました。現大統領であるトランプ氏は、弱いドルを求めているのです。

▶▶ 「強いドル政策」を批判するトランプ大統領

結果、トランプ大統領がFRBのパウエル議長に圧力を加え続けたことから（6-1節「パウエルプットと『FRBの信認』参照）、2019年1月にFRBが利上げサイクルを転換させることがありました。

トランプ大統領の見解としては「中央銀行の金融引き締め策がドル高を招き、米経済に悪影響を及ぼしている」（2019年3月）ということでしたが、利上げサイクルがいったん終了したのちにもFRB批判を繰り返しました。

さらには、「利上げや量的引き締めを好み、**非常に強いドルを好む紳士がFRB内部に1人いる**」（トランプ大統領、2019年3月2日）として、FRBのみならず、パウエル議長個人を公の場で強い言葉で批判したのです。

大統領のこういった発言からは、強い大統領の下では**「強いドル政策」「FRBはドルの守護神」という言葉がいかにその時代背景に沿ったものだったか**、という実態が伝わってきます。

▶▶ 米国債売却はタブーなのか？

ドルが基軸通貨で個人消費が世界最大なのですから、自国製品のみでは需要を満たすことができず、海外製品に依存することになります。結果として巨大な貿易赤字・経常赤字国となってしまうのですから、この赤字を海外の経常黒字国にファイナンスしてもらうことになります。

かつては中国が米国債保有国として1位を維持していましたが、米財務省の報告によると**現在は日本が1位を維持し続けています**（次ページの表を参照）。

第7章 FRBと基軸通貨ドル

155

7-4 強いドル高政策と背反する「為替報告書」

各国の米国債保有残高

（単位：10億ドル）

Country	2024-11	2024-10	2024-09	2024-08	2024-07	2024-06	2024-05	2024-04	2024-03	2024-02	2024-01
Japan	1098.8	1101.9	1123.0	1128.9	1115.4	1117.4	1128.3	1150.3	1187.8	1167.9	1151.5
China, Mainland	768.6	760.1	772.0	774.6	776.5	780.2	768.3	770.7	767.4	775.0	797.7
United Kingdom	765.6	743.3	764.4	743.7	728.2	741.4	723.4	710.2	728.3	701.4	691.9
Luxembourg	424.5	420.1	417.9	402.1	400.0	384.3	385.4	385.9	401.0	380.5	376.6
Cayman Islands	397.0	409.7	419.8	419.2	377.8	319.2	336.5	319.4	303.5	302.7	318.7
Canada	374.4	365.7	369.8	365.0	377.3	373.6	357.4	342.7	369.4	364.2	350.3
Belgium	361.3	349.6	366.6	325.0	315.9	318.0	313.0	312.4	317.1	320.0	293.1
Ireland	338.1	332.0	327.9	322.4	313.1	308.4	317.9	307.7	317.8	317.0	319.0
France	332.5	330.1	328.9	312.5	291.1	307.4	283.1	276.6	271.9	271.5	256.4
Switzerland	300.6	300.4	304.2	297.2	286.1	287.6	291.0	291.8	283.8	277.8	283.4
Taiwan	286.9	285.0	288.2	284.4	275.0	265.9	263.3	257.3	259.0	255.6	255.9
Singapore	257.7	250.5	248.3	239.0	234.2	219.6	213.5	207.5	208.0	205.4	204.7
Hong Kong	255.7	248.3	233.1	236.0	230.6	220.8	217.6	221.0	202.2	212.6	228.5
India	234.0	241.4	247.2	245.9	238.8	241.9	237.8	233.5	240.6	234.7	236.1
Brazil	229.0	228.8	234.6	233.3	229.1	227.0	223.2	223.6	227.1	225.6	226.8
Norway	159.0	161.8	170.1	164.4	158.8	153.4	142.8	138.3	148.7	138.6	144.9
Saudi Arabia	135.6	139.2	143.9	142.8	142.7	140.2	136.3	135.4	135.9	131.1	133.5
Korea, South	127.8	127.4	127.0	122.9	122.7	116.7	120.2	119.9	115.9	119.2	118.6
Mexico	100.8	99.0	95.8	95.7	95.4	95.8	99.3	93.6	88.9	80.3	75.9
Germany	97.7	100.1	101.1	96.1	101.6	87.6	87.9	87.1	90.2	90.8	90.2
All Other	1589.0	1588.7	1588.0	1553.0	1528.4	1503.4	1486.8	1459.7	1450.8	1422.0	1398.8
Grand Total	8634.6	8583.0	8671.8	8504.1	8338.9	8209.8	8133.0	8044.8	8115.5	7993.8	7952.5

出典：米財務省サイトから

　このような状況を踏まえると、「日本が米国債を売却すると米国から何らかの制裁が加えられる」といった認識が働くのは当然で、以前には確かにそのような論調がありました。

　が、しかし2024年4月12日、日本の鈴木俊一財務相は「**米国との関係で（米国債を）売却できないといったことはない**」と述べました。外貨資産運用は「十分な流動性を確保するとの目的に基づき、将来の外国為替等の売買などに備えた運用を行っている」と語ったのです。

ドル安と円高期待といった日米の一致

そのコメントの真意はわかりませんが、円安（ドル高）が進行する中で、市場をけん制したことになります。「米国債売却は可能」という趣旨でした。

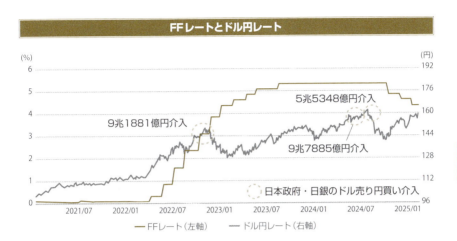

おそらく、インフレ制御のため利上げサイクル（FFレート）に入っていた米国では、結果としてドルが高くなっていたため、赤字解消のためにもドル安にもっていきたいという意向があり、**日米の利害が一致した背景があった**ものと推察できます（米国債売却が可能だった）。

為替報告書の監視対象国とされた日本

なお、年間にわたりGDP比2％の為替介入をした場合には米国の為替報告書の要件に抵触しそうですが（日本の2024年の15兆超介入はGDP比2％以上）、日本は為替介入の実績を定期的に報告しており、透明性があるとされて、この点については米国から特段問題視されることはありませんでした。

7-4　強いドル高政策と背反する「為替報告書」

　2024年の下半期為替報告書では、日本は上半期報告書に引き続き監視対象国に認定されましたが、その理由としては

> ①対米貿易黒字（656億ドル）
> ②経常収支黒字（GDP比4.2%）

といった2つの要件を満たしたことが挙げられており、介入自体は問題視されませんでした。つまり、日本政府・日銀によるドル売り円買い介入の規模は、為替報告書の要件に抵触していたにもかかわらず、ドル安を推進するものであるからおとがめなし。しかし実際には対米収支が抵触していることから監視対象国とする――といった、当時のバイデン政権によるご都合主義が露呈されたものでした。

COLUMN　コロナと為替相場

　2020年代に突入して間もなく歴史に残る「コロナパンデミック」が起こったことは、半永久的に語り継がれる出来事でした。世界の株式市場は暴落し、為替市場にも強烈なインパクトを残すことになりました。当時は、PCR検査で陽性となれば「コロナ感染者」という扱いになり、そのような意味で各国の感染者が日々公表されることになりました。その感染者の拡大数によって為替相場が変動するといった、リーマンショックのような金融危機とも異なる、過去に例のない「クラッシュ」といえるものでした。

　基本的な値動きとしては、「感染者拡大＝対ドルで通貨安」といった構図です。ブラジル・トルコ等の新興国は様々な対策を講じていましたが、感染拡大（ここではあくまでPCR検査の陽性者）が止まらず、それと連動するかのように対ドルで長期下落トレンドに入り、ブラジルレアルは史上最安値、トルコリラは2018年のトルコ危機以来の安値圏に突入し、その他南半球では南アフリカランドが連日で史上最安値を更新したのです。

　ブラジルはトルコや南アフリカと違って外貨準備の大きさには問題ないとみなされていたものの、感染者急増で他国同様、リセッションに陥る公算が高くなり、利下げ続きで過去最低の水準まで切り下げ、そのことが通貨安に拍車をかけたのです。米国においても感染拡大は加速する一方だったのですが、当時注目されていたニューヨーク州での感染者数に鈍化が見えた、という理由のみで「有事のドル買い」が目立ち、対新興国だけでなく対先進国においても全面高が続く現象が起きました。

　「感染拡大によって経済が止まる」といった構図が通貨安につながった、という稀有な現象だったといえるでしょう。

7-5
FRBの金利コリドー政策とドル相場

　中央銀行のコリドーシステムとは何でしょう？　金利政策でのコリドーとは日本語では「回廊」等と訳されることもありますが、簡単にいえば政策金利を上限金利と下限金利で挟み込み、政策金利のボラティリティを安定させるための政策です。屋根付きの廊下、といった方がイメージしやすいかもしれません。

量的緩和を拡大するため、準備預金に付利という「エサ」

　日銀やFRBが準備預金に金利をつけたのは、ともに2008年10月でした。サブプライム問題から世界的な流動性危機を感じ取った中央銀行は、ゼロ金利から「さらなる利下げ」(長期金利の低下)を求め、量的緩和政策を実行しなくてはならなかったからです。

　民間銀行側からすると、中央銀行の大規模な資産買取りに応じるには「利息を得られる」といったインセンティブが働かないと成立しません。そこで量的緩和を実行すべくFRBや日銀は、世界的な金融危機を背景に準備預金に金利という「エサ」をつけました。結果としてマネタリーベースを拡大させ、流動性危機を回避しようとしました。

コリドーシステムのフロアの役割

　民間銀行としては基本的に、その資金を付利以下の水準で運用することはないわけですから、中央銀行の準備預金付利が、政策金利であるオーバーナイト金利の下限(フロア、床)といった位置付けになります(米国の政策金利はFFレートで、ユーロ圏はESTRまたは€STRと呼ばれるオーバーナイト金利です)。

第7章　FRBと基軸通貨ドル

7-5　FRBの金利コリドー政策とドル相場

その政策金利の下限である準備預金付利を一定程度高く保持していれば、例えば政策金利がほとんどゼロとなってFF市場（フェデラル・ファンズ市場）などの短期金融市場から参加者が撤退する、というような事態を回避することができるのです（このことを世界的に発信したのは当時のFRB議長のバーナンキ氏で、2010年8月のジャクソンホール経済シンポジウムでの発言でした）。

▶▶ リバースレポレートというフロアの下の「サブフロア」

しかし、そのフロアと思われていた準備預金付利は付利対象外の機関（GSEなど）の存在のために準備預金付利がフロアとして機能しないケースがあり、そのためにさらなるフロアとして、付利対象外の機関も参加可能な**リバースレポプログラムが2013年末に導入**されました。

少々ややこしい話となってしまうのですが、この「床底を備えた床システム」（a floor system with a subfloor）もバーナンキによって実現したのです。

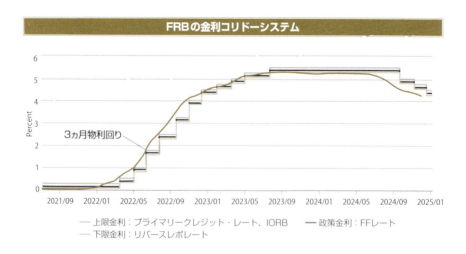

7-5　FRBの金利コリドー政策とドル相場

コリドーといった上下から（政策金利を）挟み込むシステムなので、キャップといわれる上限金利も存在します。

以前にはプライマリークレジット・レートがその役割を果たしていました（キャップ・レート）。平時であれば、FFレートに1%上乗せする形で設定していたので、FFレートがプライマリークレジット・レートの水準まで吹き上がってくることはありませんでした。

現在では、当初フロアだと認識されていた準備預金金利（IORB＊：IOER＊〈超過準備付利〉とIORR＊〈所要準備付利〉が統合された）がそのキャップ（上限金利）の役割を果たしており、FFレートはIORBとリバースレポレート（Reverse Repo Rate：RRP）に挟み込まれ、FRBの誘導をスムーズにし、安定化させています。

▶▶ 短期金利の上振れや下振れがドル相場のボラティリティを高くする

基本的に、政策金利（FFレート）がドル金利を決定する要因になるので、その**FFレートが安定していればドル相場は安定**します。

ただし市場では、将来の利上げや利下げを先走りする形で予測し、その期待予測は2年物国債の利回りや3ヵ月物国債の利回りといった短期の利回りに表れます。

よって、コリドーシステムのグラフ（前ページの図）にあるように、将来の利上げや利下げをリードするかのように、短期金融市場を代表する**3ヵ月物利回りが先行指標のようになっている**ことが確認できます。市場の流動性の高い2年物利回りはさらに極端なボラティリティになりますが、それらがドル円レートなどの**ドル相場のボラティリティを高くしている**のです。

逆に、FRBの「金利据え置き」が長期間予想されているときにドル相場が大きく振れるようなことがあれば、それはFRBの問題ではなく、ECBや日銀の政策によるものだといえるでしょう。

これらはあくまで金融政策での視点であって、すべてではありません。しかし、コリドーシステムの考えからすると、そういうことになるのです。

＊**IORB**　Interest on Reserve Balancesの略。
＊**IOER**　Interest on Excess Reservesの略。
＊**IORR**　Interest on Excess Reserves Rateの略。

7-5 FRBの金利コリドー政策とドル相場

COLUMN **関税政策と各国のドル離れは「弱いドル政策」**

第2次トランプ政権の関税対象国となってしまった国からすると、米国向け輸出が減少することにつながりますので、結果として貿易決済通貨である米ドルを手に入れることができなくなり、外貨準備としてのドル資産が減ってしまいます。

特にトランプ大統領はただでさえ外交カードとして追加関税を課してくるうえに、敵対関係にある国に対してはさらなる金融制裁を実施するスタンスです。

アメリカの大統領がこのスタンスだと、世界各国の外貨準備に占めるドル資産は減少することが予想されます。

ただでさえ、ドル資産を多く保有していると新興国はFRBの利上げによって対外債務が膨張してしまい、通貨の売り浴びせ、といったお決まりのパターンとなってしまう可能性が高いです。IMFのCOFER（外貨準備の通貨別構成）によれば「ドルの優位性に変化なし」という結論でしたが（7-2節）、それはバイデン政権時の話であり、第2次トランプ政権では第1次のときと同様に「ドル離れ」の状況に陥る可能性があります。7-4節でトランプ大統領の為替政策のことを「弱いドル政策」といいましたが、このような状況を見てもその言葉は間違っていないようです。

第8章

2次パウエルFRBと第2次トランプ政権

　FRBのパウエル議長が2期目の期間4年の任期を開始したのは2022年5月23日、議会上院で再任が承認され正式に就任しました。

　そして第2次トランプ政権が正式に発足したのは2025年1月20日です。大統領就任式が行われ、ドナルド・トランプ氏が米国の第47代大統領に就任しました。

　4年の空白期間を経て、FRB批判のトランプ大統領と防戦続きに見えたパウエルFRB議長が再度政策運営のトップとしてアメリカをリードする展開に入ります。

8-1
米大統領のFOMCに対する影響力

中央銀行であるFRBは政治の圧力がかからないよう独立性が保たれているはずですが、実際にはどうでしょう？

FOMC理事たちの就任過程を考慮すれば、結局のところ大統領の権限によって金融政策ですら政治の意向に左右される側面があるように思えます。

▶▶ 大統領に任命されるFRB高官と、そうではない地区連銀総裁

1章でFRBの仕組みや、投票権はどうなっているか等、メンバー構成をお伝えしましたが、より深く考察するのであれば、それらの**FOMC参加者が誰から任命されているのか**、といったことは、FOMCでの決定を予想するうえでちょっとしたポイントになるかもしれません。

まず、FRS（連邦準備制度、FED）は7名の理事会メンバーからなるFRBと、12の地区連銀といった2つの組織から構成されています。議長を含む**7名の理事会メンバーは大統領から任命され、上院で承認**されるといった就任過程を踏んでいます。

FRB高官と地区連銀総裁の就任過程

FRS（連邦準備制度）

FRB （議長と副議長を含む理事7人）	12地区連銀総裁
大統領から任命、上院で承認	各地区の銀行・経済界から選任された 取締役会が候補者を選任し、FRBが承認

出典：筆者作成

8-1 米大統領のFOMCに対する影響力

対する12地区の連銀総裁は、そういった議会が関連するような就任過程を経ることはなく、あくまで**各地区連銀の取締役会が候補者を選任する**のですが、その取締役会は各地区の銀行業界・経済界から選任された人たちです。また、地方連銀は地元の民間企業が出資する株式会社の形態をとっています。

つまり、うがった見方をすれば**FRB高官7名は政治寄りになりがちな側面があり、地区連銀総裁たちは株主である民間銀行の意向を反映しがちな側面**があるということです。

形式的には、FRBに短期的な政治圧力がかからないよう、その任期は長くされているのですが、トランプ大統領のような自身の権利を最大限に行使するような強い大統領の下では、大統領の意向に合わなければ実質的な解任というのは起こり得ます。

代表的なところでは、パウエルFRB議長の前任者であるジャネット・イエレンFRBは異例の1期4年間でその任期を終えました。これは、トランプ大統領がイエレンFRBの政策運営を評価しておらず、実質上の解任ということで不名誉を負うことになりました。

歴史を振り返れば、ウィリアム・マーティンJr.やグリーンスパンは約20年にわたり議長職を務めていました。それを考えればなおさらです。

▶▶ FRBのコンセンサスに間接的な「大統領の意向」

FOMCの会合では参加者の討議を基に金融政策が決定されるわけですが、形式的にはコンセンサス（参加者の合意）を重視しています。しかしその**コンセンサスをリードするのは、結局のところFRB議長による発言の影響力**になります。

そしてそのFRB議長は大統領から任命され上院から承認を受けているので、大統領がトランプのような直接金融政策に口を出してくる人物であれば、どうしても政治的影響を受けてしまうといった現実があります。

さらに、FRB議長は半期に一度経済情勢や金融政策について連邦議会（上下両院）で証言を行うことになっていますが（議会証言）、承認した上院議会とFRB議長の質疑応答はかなりの緊張関係の中で行われます。

第8章 2次パウエルFRBと第2次トランプ政権

8-1 米大統領のFOMCに対する影響力

▶▶ 必ずしもそうではない「タカ派」「ハト派」といった区分け

このように、FRB理事の就任過程と地区連銀総裁の就任過程を考慮した場合、FRB理事はよほどのインフレ環境にない限り**ハト派になりがち**であり、地区連銀総裁はその株主構成から考えても金利を高くする**タカ派になりがち**、というのが基本的な実態だといえます。

投資家がFRBをウォッチするのであれば、自身でこのような構造を調べ、その時々の大統領がどんな人物であるのかも含め、FOMCの決定を予想するというのは重要な作業になります。

FOMC参加者各々を「タカ派」「ハト派」と決め付ける習慣がありますが、それはあくまで印象論であり、投票権をもっているFOMCメンバーは経済の流れの中で考えが変わることがあります。基本知識として、就任過程などは最低限考慮しなくてはいけないと思われます。

8-2
関税政策の発動と撤回
－インフレリスク－

第2次トランプ政権のような強力な政権が生まれてしまうと、金融政策の運営は非常に困難なものになります。大統領が議会を通さない大統領令をいくつも出し、さらにはあとあとその内容を変更しながら外交を行うというのであれば、FRBはそれに応じて政策運営を行わなくてはいけないからです。

▶▶ 強い大統領とFRB議長

トランプ大統領は第1次政権発足当初から当時のFRB議長であったイエレン氏とそりが合わず、その後任のパウエル議長に対しても強い言葉で批判を繰り返していました。トランプ大統領はその座に就いている期間や、2人のFRB議長しか知らないのですが、そのほとんどがパウエル氏になります。

上述のような過去を見ていれば、今後も**トランプ大統領とFRB議長が良好な関係を築き、歩調を合わせるといったことはない**ように思えます。なぜならトランプ大統領はインフレ圧力を助長する他国への関税政策を掲げ、さらには「弱いドル」に誘導すべくFRBに利下げを強要するようなリーダーだからです。

▶▶ ナショナリズムと「タリフマン」

現在の国際社会はグローバリズムとナショナリズムのせめぎ合いから成り立っているような分断社会だといわれています。「アメリカ第一主義」を掲げるトランプ大統領は、当然ながら後者（ナショナリズム）の代表格であり、自国のためであればどんな相手国であっても輸入品に対して関税を課すスタンスです。トランプ大統領は自身のことを「**タリフマン**（Tariff Man：関税男）」と自称しているほどです。

関税は輸入関税と輸出関税の2種類に分けられますが、ここでの関税とは「輸入関税」のことを指します。

8-2 関税政策の発動と撤回

輸入とは一般的に、**国内よりも海外から輸入した方が安い場合**や、海外からしか調達できない場合、あるいは海外製品の方が高品質という場合に行われるのですが、アメリカの連邦政府が大統領令に従って、自国の輸入業者に高額関税を課すとなれば、販売業者はその関税分を販売価格に転嫁しなくてはなりません。受け取る利益が減るからです。これは当然インフレ圧力となり、自国民を苦しめることにつながってしまいます。なにより大統領自身が「インフレを終わらせる」といった公約を掲げて当選しているのです。

▶▶ 「金利政策の矛盾」と大統領の政策転換

実際に、様々な国家に高率関税を乱発してインフレが過熱してくると、FRBはどのような理由があったとしても、インフレを抑えるべく利上げせざるを得なくなります。それが法律で定められたFRBの役割だからです。

しかしその一方でトランプ大統領は「弱いドル」を望み、米国製品の輸出拡大を渇望しています。FRBにとって、それを可能にする政策は利下げです。この2つの背反的な政策運営を**FRBが同時に行うことは当然不可能**です。

2人（トランプ大統領とパウエルFRB議長）は過去のように対立関係となりますが、結果的にはトランプ大統領が自身の公約を徐々に抑制し、調整転換する場面が増えるのではないでしょうか。

▶▶ 関税政策の難しさ

実際に、トランプ大統領は第1次政権のときもそうでしたが、**最初に宣言した高率関税を実行することはほとんどありません**。あえてけん制し、外交を有利な方向へもっていく、といった常套手段です。

税率を明言し、対象国を指定する一方で、対象品目や、関税による製品不足を調整するための輸入数量制限などには言及しませんし、そこの調整政策については大統領が公言する必要はないとするスタンスです。

制裁関税を宣言する傍ら、高インフレにつながらないよう税率を下げ、対象品目を絞り込み、数量制限と時間軸を調整することが考えられます。FRBに対して利下げを促すのであればなおさらで、そうせざるを得ない状況に陥ります。

さらには、大統領にとっては**有権者の声が最大の支持基盤**になるので、インフレを嫌がっているという世論が大きくなるほど制裁関税の幅は小さくなっていくのではないでしょうか。

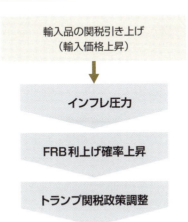

▶▶ 関税撤回、複数のケース

　自国にはインフレといった「痛み」を招きたくないトランプ流のやり方なのですが、自らの関税政策を転換（縮小）する大まかな流れとしては複数考えられます。

　まず、大統領令で関税対象国を指定した場合には、①**大統領令による撤回が可能**です。②**対象国が米国の要求に応じる意向をみせたと米国から判断された場合には、その時点で撤回**となります。さらには、大統領令に署名したのち一定期間内であれば、③**連邦議会による失効を可能とする議会審査法（CRA＊）を活用**してくることも考えられます。

＊ **CRA**　Congressional Review Actの略。

8-2　関税政策の発動と撤回

　ただし基本的には、最初に高率関税を宣言し、結局のところ**二国間協議によって妥結**するケースが多くなることが予想されます。

　米国からすると相手国からの報復関税をかけられることも当然あるわけで、そうなった場合にはアメリカ国民が輸入品を買うとき割高になるうえ、輸出品も減ってしまいます。結果、アメリカ大統領自身が非難され支持者が減ります。

　それを防ぐためにも**二国間協議が重要**になってくることを、トランプ大統領は理解したうえで関税政策を発動しているのです。

▶▶ 関税政策という不確実性

　米国が関税政策を実際に発動するのか否か、わからないケースは増加します。そうなった場合、**マーケットには不確実性が高まります**。よってFOMCには、5-6節でお伝えしたティールブックのような経済環境の変化を基にした数値予測など、複数シナリオの提示が**いっそう求められる**ことになります。数値予測の前提である経済に変化のないベースシナリオと、代替シミュレーションといったシナリオです。

　さらには、関税政策が発動されたからといってインフレにどの程度影響を与えるのかわからず、逆に需要が減退してしまう場合なども考えられますが、これらインフレ刺激効果もFRB内の調査統計局が活用するFRB/USモデルによって試算可能で、速やかな開示が不可能といった正当な理由がない限り、開示を求められ続けることになるでしょう。

　いままでもそうでしたが、**先進国中銀の政策運営シーンでは、このような代替シミュレーションシナリオの提供が熱を帯びている**状態です。逆に日本国内で、このような議論をまったくといってよいほど目にする機会がないことを考えれば、一抹の寂しさも覚えます。

　昨今、米国による関税政策への注目度が高くなる一方であることを考えれば、FRBならびにFOMCが、この不確実性解消の問題にどう取り組むのかいっそう注目されます。

8-2 関税政策の発動と撤回

COLUMN 日本が「失われた時間」を過ごしている大きな理由

2025年に第2次トランプ政権が発足してから民間人の閣僚登用も加速しました。特に注目を集めたのは世界的な起業家として有名なイーロン・マスク氏が政府効率化省（DOGE＊）のトップに任命されたことです。

具体的には閣僚というより政府機関の責任者ということで、上院の承認は不要になりますが、トランプ大統領による大統領令で任命されることになりました。

この政府効率化省（DOGE）は小さな政府を目指す共和党政権の理念と一致するもので、簡単にいえば無駄な支出を削減するための新設の政府機関になります。しがらみのない「市場中心主義」という大きな改革を持ち込むことによって、膠着化している財政改革が可能になります。

今回はトランプ政権ということで、このような民間人の政府機関への登用が注目を集めていますが、民間で大成功を収めた人物で、しがらみはなく、大統領のお墨付きということでスピード感をもって大胆に無駄を省くことが可能になるの

です。過去には「強いドル政策」で名を馳せたゴールドマンサックス出身のロバート・ルービン氏もそうでした。日本では竹中平蔵氏が有名です。

米国や欧州ではこのようなテクノクラート人事は珍しいことではありません。いま、政治が膠着しており問題だらけの我が国において必要なのは、このような民間人の大胆な起用になります。しがらみだらけで大きな改革ができず、国民は不満をもち人口減少も著しいです。民間から有能な人材を幅広く集め、短期間で大きな変革が期待でき、市場に精通しているため国際情勢の変化に迅速に対応できることが期待できるのです。さらには、国民に対する透明性も高まります。

2025年現在、日本では最大19名の閣僚のうち9名まで民間から起用できることになっているのですが、最後に起用されたのは森本敏氏で、もう12年以上も前の出来事になります。日本政治の膠着は、海外のこのような「政治のスピード」もほとんど報じられないことに起因していると思われます。

＊ **DOGE** Department of Government Efficiency の略。

第8章 2次パウエルFRBと第2次トランプ政権

8-3
大統領の減税・移民政策と
FRBの計画的利下げ

第2次トランプ政権の大きな柱は、前節で述べた貿易相手国への関税政策に限らず、米国内のインフレ圧力になるものばかりだといわれています。

関税政策に加え、トランプ減税の恒久化や法人税減税、不法移民強制送還などが中心ですが、すべての側面でインフレが助長されることが懸念されています。

▶▶ インフレ圧力となる米政権の経済政策

第2次トランプ政権の柱は、**米国内のインフレ圧力につながるものばかり**だといわれています「インフレを終わらせる」としているにもかかわらず、主要な政策のすべてがその逆をいくものなので、FRBとしても戦々恐々といったところです。

前節でお伝えした①関税政策のみならず、②**トランプ減税の恒久化**、③**不法移民の強制送還などがそれにあたる**のですが、第1次トランプ政権時（2017年12月）に法人税率を35%から21%へ引き下げることを柱とした大型減税を掲げた際に、個人所得税も軽減し、最高税率は39.6%から37%へと引き下げられました。

個人減税の多くは8年間の時限措置だったため、その多くは2025年末に失効予定となっています。

よってトランプ大統領はそれを延長し恒久化すると宣言しているのですが、そもそもの話として**減税政策が打ち止めになるということは増税になるのと同義**なので、国民負担は大きくなります。

よって、米国の賃金が上昇し続けていることを踏まえれば、減税の継続はインフレにつながると解釈されます。結果としてFRBは、政権による関税政策のテールリスク（インフレリスク）を受け止めるのと同様な対応に追われることになります。

不法移民の大規模強制送還と賃金プッシュインフレ

また、トランプ大統領は大規模な不法移民労働者の強制送還を常に掲げていますが、いま現在、その不法移民労働者たちは米国のあらゆる産業を支えており、それらマンパワーが抜けたあとは大規模な人手不足が想定され、多くの求人とともに賃金の条件がいっそう上がることになります。

このあたりは本書3-3節で触れていますが、つまるところ大規模な不法移民の強制送還を実行すれば「賃金プッシュインフレ」(Wage push inflation) といった現象が考えられます。日本国内ではなじみの薄い言葉になるかもしれません。

コロナ経由の人件費の高騰

次ページの図は、賃金上昇率とコアインフレ率 (コアPCEインフレ) の相関図になります。図からわかることはまず、コロナ以前の**平時における賃金上昇率が、3.0〜3.5%である**ということです (破線の楕円で囲んだ部分)。そして2020年のコロナ危機での急伸を経ていったん落ち込んだ賃金上昇率は、経済の回復と求人数の拡大とともにさらに上昇していることが確認できます。

不法移民労働者の米国経済への貢献

が、しかし米国民は労働市場に戻ってこなかった一方で、**不法移民労働者が高賃金に惹かれて米国の経済を支える**といった構造になりました。しかしそれでも人手不足はあらゆる産業で起こっていたので、コロナ前に比べて高めの賃金上昇率がずっと維持されていることが確認できます。

コロナパンデミック下では、FRBのLSAP発動 (2020年3月) によって経済は回復基調となりました。しかし供給制約もあってインフレは過熱 (図中のコアPCEインフレ)、上記のような賃金上昇がそのインフレを支えていることがわかります。

8-3 大統領の減税・移民政策とFRBの計画的利下げ

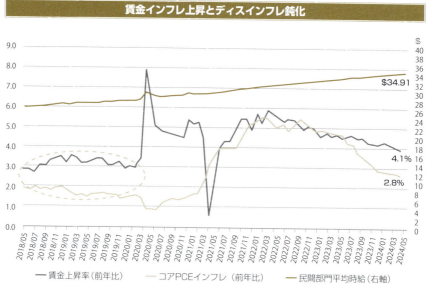

賃金インフレ上昇とディスインフレ鈍化

出典：筆者作成

　先述のとおり、コロナ前の平時の賃金上昇率は3.0～3.5%水準だったのですが、2025年に入ってもその水準を上回ったままです。FRBが高金利を維持（23年7月～24年8月／FFレート5.50%維持）してもインフレ率と賃金上昇率は平時の状態になかなか回帰しなかったわけですから、24年秋口からの利下げに加え、大規模な不法移民労働者の強制送還が実施された場合には、**目に見えての賃金プッシュインフレが再燃**することが考えられます。

　高インフレを回避しなくてはいけない米政権が、この状況をどう解釈しどのような政策運営を行うのか。関税政策の規模縮小と同様に、不法移民の強制送還も当初の数字より縮小されることが予想されます。

　いずれにしてもパウエルFRBは、トランプ政権との神経戦を強いられることになりそうです。

▶▶ トランプのインフレ圧力政策に対するFRBの予防的利下げ

　パウエルFRBは、2024年8月の米労働省における雇用統計の年次改定を受け、慌てて利下げに走った、としましたが (3-2節)、違う見方をすれば、次期政権がインフレを助長するような政策ばかりであることを想定していたので、経済を破壊するほどの高金利を避けるべく、**2024年下半期より予防的に利下げをしていたのではないか**、といった推察論があります。少なくとも、個人的にはそのように感じました。

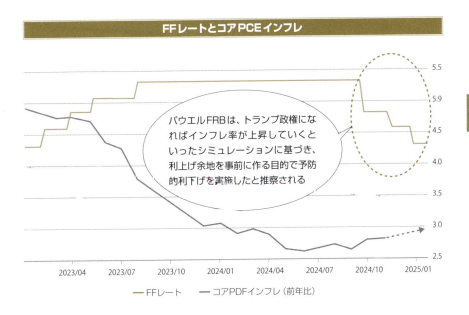

FFレートとコアPCEインフレ

パウエルFRBは、トランプ政権になればインフレ率が上昇していくといったシミュレーションに基づき、利上げ余地を事前に作る目的で予防的利下げを実施したと推察される

　「ただでさえ高金利 (FFレート：5.25〜5.50%) なので、これ以上金利を上積みさせたくない。よってFRB内スタッフからの助言もあり、**事前に (利上げ余地を作るべく) 利下げしておこう**」といった心理が働いたように思われます。

8-4 利上げリスクに直面する国民

マーケットの視点からすると、どこの国であっても政策金利を引き上げれば、インフレ抑制になる一方で、通貨高につながり輸出も減少します。そしてなにより、政策金利を高くすることによってクレジットカードに頼っている消費者の延滞率は高くなり、変動金利を軸に住宅ローンを組んでいる人たちは当初の予定と異なる住宅ローン負担を強いられることになります。

▶▶ インフレ圧力となる米政権の経済政策

2024年末になって、米主要クレジットカードの2024年第3四半期決算が出そろいましたが、カード利用は引き続き増えて消費全体の底堅さを示した一方、低所得層の間で延滞が増加。**利用は増えるものの、延滞も増加する**というもどかしい状況に陥っていることが判明しました。

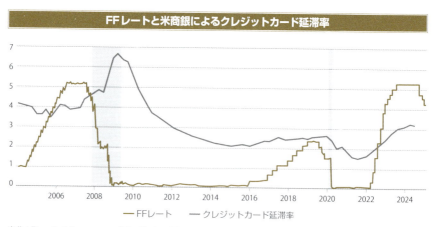

出典：Board of Governors of the Federal Reserve System

8-4　利上げリスクに直面する国民

　FRBが利上げ路線を継続してきたことによる高金利の結果、特に低所得者層には年21%という金利が大きな負担となり、ここにも「FRB利上げ」の弊害が出ていることが判明しました。

　FRBの金利引き上げによって、その弊害を被るのはクレジットカード利用者のみならず、住宅ローン・自動車ローン利用者、そして学生ローン利用者と多岐にわたります。

　マクロ経済政策の結果、利上げのリスクに直面するのは一般消費者、国民なのです。冷静に考えて、これは**経済にとって本当に良いことだといえるのでしょうか？**

▶▶ 期待されるインフレ圧力緩和の政策

　インフレは回避しなくてはいけませんが、その手段としては金利の引き上げが代表的なものになり、金利引き上げの被害を受ける国民が多いことを忘れてはいけません。

　米国のデータを見てわかるように、その犠牲は若者や低所得者に集中するのです。

　それではどのようにインフレを回避するのかといえば、起こってからでは遅いので、高インフレを発生させないような政権運営が期待されます。

　FRBとしては実際問題として、米政権に**インフレ圧力を伴う政策を実施してほしくはない**のです。そのような中においても、米トランプ政権は「インフレ政策」を実行することが予想されるので、FRBとしては雇用統計の年次改定はあったものの、消費者負担を大きくしないよう、トランプ大統領正式就任前に**予防的利下げを実行**したと捉えることもできます（8-3節）。

第8章　2次パウエルFRBと第2次トランプ政権

177

8-5 米大統領のFRBに対する権限強化

現在の米大統領とFRB議長の関係を見てくると、結局のところ大統領がすべての政策を管理したいように映ります。実際に、トランプ大統領は就任以前からFRBの政策決定に際して、大統領が発言権をもつべきだ、と強く主張していました。

▶▶ インフレ2%超で就任した第2次トランプ政権

第2次トランプ政権が発足したときから、インフレ率はFRBのターゲットである「2%」を超えていました。それを考えれば、トランプ大統領は政策運営の難しさを感じているはずです。例えば、就任時にインフレ率が「1%」であったならインフレ圧力を伴う政策はやりやすかった、と考えているのではないでしょうか。

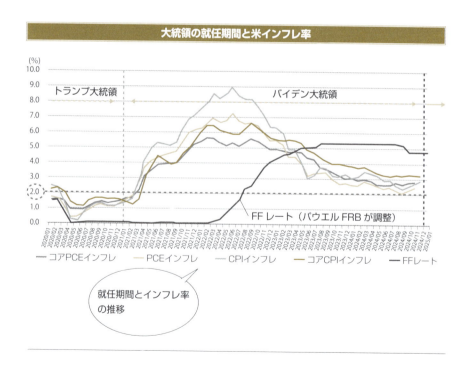

就任期間とインフレ率の推移

8-5　米大統領のFRBに対する権限強化

2021年の春先から突如急騰したような「2%超インフレ」は、前政権やFRBの失敗として捉えられています。これはトランプ大統領だけでなく、世界的にそのような認識となっており、**バイデンフレーション**といわれているのも、その就任期間に起こったインフレである以上、反論するのは難しいです。

新型コロナウイルスの感染拡大を受けた前政権の政策運営や、ウクライナ戦争による世界的な供給制約の拡大、不法移民政策からの人件費高騰の問題などがインフレ一方に触れてしまい、長期的なインフレサイクルに突入しました。そして、それらすべての対策について、トランプ大統領は真逆の政策を訴え、前政権を批判していたので、「自分のせいではない」と感じるのは自然なことなのかもしれません。

さらには、そこに**パウエルFRBの政策必要性の認知ラグが発生**したことで（6-5節、「インフレは一時的と発言」）インフレが長期化してしまった、という世界的認識にも根強いものがあります。

▶▶ FRBの独立性を脅かす大統領の権限強化

このような経緯を見れば、トランプ大統領がFRBの政策決定に関し、「自身（大統領）が介入するのは当然」だと思うのは不思議ではありません。実際に、第2次トランプ政権発足以前の2024年より、「**金融政策に関する大統領の発言権**」というものを強く主張していました。

現実を見ればインフレは抑制しなくてはいけないので、自身の政策はすべて修正してくることが予想されますが、同時に**FRB改革**を実行しようとするでしょう。

現在の法制度の下で金融政策に口出しすれば、波紋は広がる一方です。よって、2024年の議会選挙で**上下両院を共和党が制したこのタイミングで、その法律自体を改正**しようともくろんでいるように思えます。

第8章　2次パウエルFRBと第2次トランプ政権

8-5 米大統領のFRBに対する権限強化

　考えられるのは、FRB議長の解任権を大統領に付与すること、金融政策決定の際に大統領との協議を加えることなどですが、それ以外の形で金融政策決定に大統領の介入権限が与えられる、とする法改正の実現を目指してくることも考えられます。

　「中央銀行の独立性」という言葉は、2010年代から2020年代に入ってますます色あせる一方です。実際に、政治からの独立性が保たれていると考えている市場関係者は少ないように思われます。世界的なショックが発生すれば必ず拡張的政策（緩和政策）が求められるので、そのようなケースでは連邦政府と中央銀行が一体になって政策を実行しているように映りますし、そのような事例が増加し、もはや独立性といってもピンとこない方が多いかもしれません。

　強いパーソナリティーの持ち主が米国の大統領になってしまえば特にそうだといえます。トランプ大統領はもともと、すべての政策を自身でコントロールするタイプなので、中央銀行が独立性を維持するには大変な時代に突入したといえるかもしれません。

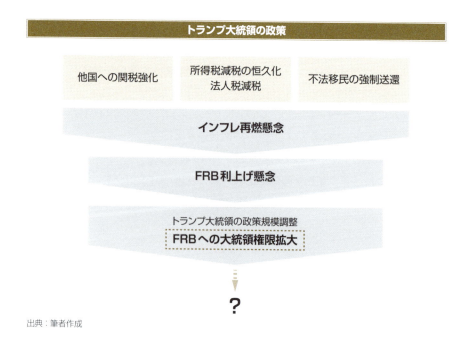

出典：筆者作成

8-5 米大統領のFRBに対する権限強化

 犠牲を伴う「リアルタイムのFRB研究」

　本書に目を通してくださるような読者の方々は、日頃からFRBの金融政策に目を通し、FRB議長の言葉も注意深く聴いているような人たちなのかな、と個人的に思います。

　筆者自身は個人的に思い立って「FRBとマーケット」を見続けてきましたが、深追いすればするほど日常生活はきつくなるものです。その理由は、リアルタイムで観察するのであれば、日本国内では深夜から早朝にかけて目を覚まして集中力を維持する必要があるからです。

　当然、そのぶんだけ睡眠を犠牲にせざるを得ず、翌日の午前中は「ボロボロ」の状態になります。皆さんもそのあたり「経験豊富」なのではないでしょうか？

　皆が寝ているといった「常識」の中で、必死に声明文を分析し、経済統計を読み、議長の発言を聴かなくてはいけません。そしてすべてが英語なのです。この労力について他人の理解を得るのは非常に難しいことなのだと、過去15年以上痛感してきました。

　そのような意味で、「FRB」に精通している方々は、一般の人から理解を得られないことがあるのではないでしょうか。筆者自身はそうでしたし、いまでもそうです。目は充血し、頭が回っていない午前中に、他人と接することになるのです。

　特に個人投資家の方は、深夜に必死になっていることを皆に公言するわけではないでしょうから、日中ボロボロですと、スケジュールを組むこと自体が難しくなります。そして、一般の人がFRBや米国市場に精通しているわけでもないので、そのような、ちょっと他人と異なる行動が反感を買うことすらあるように感じます。

　本書の読者の方々には、このような「知的なオタク生活」も世の中に存在する、ということを広めていただけたら、と思う次第です。

巻末資料

- 歴代FRB議長
- 索引

歴代FRB議長

代	期間	氏名
12	1979年8月～1987年8月	ポール・A・ボルカー Paul A. Volcker
13	1987年8月～2006年1月	アラン・グリーンスパン Alan Greenspan
14	2006年2月～2014年1月	ベン・S・バーナンキ Ben S. Bernanke
15	2014年2月～2018年2月	ジャネット・イエレン Janet Yellen
16	2018年2月～	ジェローム・パウエル Jerome Powell

索 引
INDEX

あ行

- アウトライト（オペ）・・・・・・・・・・・・・ 34
- 悪性インフレ・・・・・・・・・・・・・・・・・・・・ 64
- アクセル・・・・・・・・・・・・・・・・・・・・・・・・ 29
- アトランタ連銀・・・・・・・・・・・・・・・ 67,80
- アメリカ第一主義・・・・・・・・・・・・・・・ 167
- イエレン・・・・・・・・・・・・・・・・・・・・・・・・ 70
- イエレン（ジャネット・イエレン）・・・・ 165
- イエレンダッシュボード・・・・・・・・・・・・ 70
- インタゲ・・・・・・・・・・・・・・・・・・・・・・・・ 57
- インフォデミック・・・・・・・・・・・・・・・ 124
- インフレーション・ナウキャスティング
  ・・・・・・・・・・・・・・・・・・・・・・・・・・・・・・ 84
- インフレ政策・・・・・・・・・・・・・・・・・・・ 177
- インフレファイター・・・・・・・・・・・・・・・ 21
- インフレ率・・・・・・・・・・・・・・・・・・・・・ 178
- 失われた時間・・・・・・・・・・・・・・・・・・・ 171
- 売り・・・・・・・・・・・・・・・・・・・・・・・・・・・ 117
- エージェンシー債・・・・・・・・・・・・・・・・・ 42
- エージェンシーMBS・・・・・・・・・・・・・・ 42
- 円高・・・・・・・・・・・・・・・・・・・・・・・・・・・ 146
- 円の守護神・・・・・・・・・・・・・・・・・・・・・ 151
- 円安・・・・・・・・・・・・・・・・・・・・・・・ 49,146
- オーバーナイト金利・・・・・・・・・・ 28,159
- オールカントリー・・・・・・・・・・・・・・・・ 13
- オペレーションツイスト2.0・・・・・・ 45,48

か行

- 買い・・・・・・・・・・・・・・・・・・・・・・・・・・・ 117
- 海外投資信託・・・・・・・・・・・・・・・・・・・・ 13
- 解雇率・・・・・・・・・・・・・・・・・・・・・・・・・・ 70
- 過剰マネー・・・・・・・・・・・・・・・・・・・・・ 146
- 過剰流動性・・・・・・・・・・・・・・・・・・・・・ 146
- 株価支援チーム・・・・・・・・・・・・・・・・・・ 85
- 為替操作国・・・・・・・・・・・・・・・・・・・・・ 154
- 為替相場経路・・・・・・・・・・・・・・・・・・・・ 38
- 為替レート・・・・・・・・・・・・・・・・・・・・・ 146
- 監視国・・・・・・・・・・・・・・・・・・・・・・・・・ 154
- 関税・・・・・・・・・・・・・・・・・・・・・・・・・・・ 168
- 議会証言・・・・・・・・・・・・・・・・・・・・・・・ 165
- 議会審査法・・・・・・・・・・・・・・・・・・・・・ 169
- 基軸通貨・・・・・・・・・・・・・・・・・・・・・・・ 146
- 議長会見・・・・・・・・・・・・・・・・・・・・・・・ 110
- 逆イールド・・・・・・・・・・・・・・・・・・・・・ 120
- 求人率・・・・・・・・・・・・・・・・・・・・・・・・・・ 70
- 今日統計・・・・・・・・・・・・・・・・・・・・・・・・ 61
- 金融緩和・・・・・・・・・・・・・・・・・・・・・・・・ 38
- 金融市場の安定化・・・・・・・・・・・・・・・・ 20
- 金融市場のマエストロ・・・・・・・・・・・・・ 22
- 金融政策決定会合・・・・・・・・・・・・・・・・ 10
- 金融相場・・・・・・・・・・・・・・・・・・・・・・・・ 15
- 金融引き締め・・・・・・・・・・・・・・・・・・・・ 28
- 金利政策・・・・・・・・・・・・・・・・・・・・・・・・ 28
- 金利操作・・・・・・・・・・・・・・・・・・・・・・・・ 26

185

クォンタムファンド	14	週間新規失業保険申請件数	71
口先介入	60	住宅市場	74
グリードフレーション	59	住宅着工件数	74
クリーブランド連銀	84	住宅バブル	23
グリーンスパン（アラン・グリーンスパン）		住宅ローン担保証券	48
	22	準備預金金利	161
グリーンブック	108	商業不動産担保証券	48
クレジットクランチ	25,39	詳細報告	93
景気後退	39,129	消費者物価指数	58
コア値	57	商務省経済分析極	80
コアPCEインフレ	102	シリコンバレー銀行	141
コアPCEデフレーター	174	新型コロナ	122
公開市場操作	15,28	信用経路	38
好景気	72	信用収縮	39
公定歩合操作	28	信用不安	25
強欲なインフレ	59	新NISA	13
コストプッシュインフレ	64	据え置き	29,32
雇用統計	72	政策金利	16,38
雇用の最大化	19,65	製造業景気指数	86
コリドーシステム	159	政府効率化省	171
コロナパンデミック	123,158	設備稼働率	69
コンセンサス	165	ゼロ金利	16,24,129
		全地区概要	93
		ソロス（ジョージ・ソロス）	14

■ さ行

債務担保証券	48
採用率	70
サブプライムローン問題	25
シカゴ・マーカンタイル取引所	78
資産担保証券	48
自然償還	35,37
失業率	61,65

■ た行

大規模資産買取	15
退行指標	72
退職率	70
タカ派	166
タリフマン	167

地区連銀・・・・・・・・・・・・・・・・・・ 164

地区連銀経済報告・・・・・・・・・・・・・・ 90

地区連銀総裁・・・・・・・・・・・・・・・ 12

地区連銀による現在の経済環境の概要説明
・・・・・・・・・・・・・・・・・・・・・ 90

地政学リスク・・・・・・・・・・・・・・・ 119

中央銀行・・・・・・・・・・・・・・・ 10,144

中央銀行の独立性・・・・・・・・・・・・ 59

貯蓄から投資へ・・・・・・・・・・・・・ 140

賃金上昇率・・・・・・・・・・・・・・・・ 174

賃金調査・・・・・・・・・・・・・・・・・・ 67

賃金調査トラッカー・・・・・・・・・・・・ 68

賃金プッシュインフレ・・・・・・・・・・ 173

ツイストオペ・・・・・・・・・・・・・・・ 48

通貨の番人・・・・・・・・・・・・・・・・ 153

強いドル・・・・・・・・・・・・・・・・・ 153

ティールブック・・・・・・・・・・・・・・ 108

ティールブックＡ・・・・・・・・・・・・・ 108

ティールブックＢ・・・・・・・・・・・・・ 108

出口戦略・・・・・・・・・・・・・・・・・ 70

デフレ・・・・・・・・・・・・・・・・・・ 49

伝統的金融政策・・・・・・・・・・・・・ 26

ドットチャート・・・・・・・・・・・・・・ 104

ドットプロット・・・・・・・・・・・・・・ 104

トランプ大統領・・・・・・・・・・・・・ 167

トリクルダウン・・・・・・・・・・・・・・ 75

ドルスワップライン・・・・・・・・・・・ 131

ドル高・・・・・・・・・・・・・・・・・・ 146

ドルの守護神・・・・・・・・・・・・ 20,151

ドルの番人・・・・・・・・・・・・・・・ 151

ドル安・・・・・・・・・・・・・・・・・・ 146

な行

ナウキャスティング・・・・・・・・・・・・ 80

ナウキャスティングモデル・・・・・・・・ 83

二国間協議・・・・・・・・・・・・・・・ 170

日銀・・・・・・・・・・・・・・・・・・・ 60

ニューヨーク連銀・・・・・・・・・・・・・ 86

ニューヨーク連銀総裁・・・・・・・・・・ 12

は行

パートタイマー・・・・・・・・・・・・・・ 72

バーナンキ（ベン・バーナンキ）・・・・ 14,23

バイデンインフレーション・・・・・・・・ 179

パウエル（ジェローム・パウエル）・・・・ 114

パウエルプット・・・・・・・・・・・・・・ 116

パウエルラリー・・・・・・・・・・・・・・ 118

ハト派・・・・・・・・・・・・・・・・・・ 166

パリバショック・・・・・・・・・・・・・・ 25

バンドワゴン効果・・・・・・・・・・・・・ 17

非伝統国通貨・・・・・・・・・・・・・・ 150

非伝統的金融政策・・・・・・・・・・・・ 25

非農業部門雇用者数・・・・・・・・・・・ 61

ビルズオンリー政策・・・・・・・・・・・ 48

フィリップス曲線・・・・・・・・・・・・・ 63

フェデラルファンズ市場・・・・・・・・・ 28

双子の赤字・・・・・・・・・・・・・・・ 151

物価の安定・・・・・・・・・・・・・・・ 19

プット・・・・・・・・・・・・・・・・・・ 116

プットオプション・・・・・・・・・・・・ 116

不法移民労働者・・・・・・・・・・・・・ 67

プライマリークレジット・レート・・・・・ 161

プライマリーディーラー・・・・・・・・・ 29

索引

187

プラザ合意 ・・・・・・・・・・・・・・・・・・・・ 151
ブラックアウト期間 ・・・・・・・・・・・・・・ 94
ブラックマンデー ・・・・・・・・・・・・・・・・ 22
ブルーブック ・・・・・・・・・・・・・・・・・・・ 108
フルタイマー ・・・・・・・・・・・・・・・・・・・・ 72
ブレーキ ・・・・・・・・・・・・・・・・・・・・・・・ 29
平均時給上昇率 ・・・・・・・・・・・・・・・・・ 61
米国債 ・・・・・・・・・・・・・・・・・・・・・・・・ 15
米雇用統計 ・・・・・・・・・・・・・・・・・・・・ 61
米利下げ ・・・・・・・・・・・・・・・・・・・・・ 130
米連邦預金保険公社 ・・・・・・・・・・・・・ 141
米労働省 ・・・・・・・・・・・・・・・・・・・61,72
ベージュブック ・・・・・・・・・・・・・・・・・ 90
ヘッジファンド ・・・・・・・・・・・・・・・・・ 14
ヘラー（ロバート・ヘラー）・・・・・・・ 85
ヘリコプター・ベン ・・・・・・・・・・・・・ 39
ボトルネック・インフレ ・・・・・・・・・ 134
ボルカー（ポール・ボルカー）・・・・21,151
ボルカーショック ・・・・・・・・・・・・・・・ 21
ホワイト期間 ・・・・・・・・・・・・・・・・・・ 96
マーティン
（ウィリアム・マーティン・ジュニア）・・・ 48

ま行

モーゲージ担保証券 ・・・・・・・・・・・・・・ 15
持ち切り償還 ・・・・・・・・・・・・・・・・・・ 35

や行

床底を備えた床システム ・・・・・・・・・・ 160
輸入関税 ・・・・・・・・・・・・・・・・・・・・・ 167
預金準備率操作 ・・・・・・・・・・・・・・・・ 28

弱いドル ・・・・・・・・・・・・・・・・・ 162,168

ら行

ランオフ ・・・・・・・・・・・・・・・・・・・35,37
利上げ ・・・・・・・・・・ 13,28,29,31,103
利上げ遅滞 ・・・・・・・・・・・・・・・・・・・ 134
リーマンショック ・・・・・・・・・ 14,25,39
利下げ ・・・・・・・ 13,14,24,28,29,31,103
リセッション ・・・・・・・・・・・・・・ 39,129
リバースレポ ・・・・・・・・・・・・・・・・・・ 30
リバースレポプログラム ・・・・・・・・・・ 160
リパトリエーション ・・・・・・・・・・・・・ 146
流動性相場 ・・・・・・・・・・・・・・・・・・・ 15
量的緩和策 ・・・・・・・・・・・・・・・ 17,26,28
非伝統的金融政策 ・・・・・・・・・・・・・・・ 26
量的政策 ・・・・・・・・・・・・・・・・・・・・・ 28
量的引き締め ・・・・・・・・・・・・・・・・・・ 35
レーガノミクス ・・・・・・・・・・・・・・・・ 151
レポ ・・・・・・・・・・・・・・・・・・・・・・・・ 33
レポ取引 ・・・・・・・・・・・・・・・・・・・・・ 29
連続利下げ ・・・・・・・・・・・・・・・・・・・ 25
連邦準備銀行 ・・・・・・・・・・・・・・・・・・ 11
連邦準備制度 ・・・・・・・・・・・・・・・・・・ 10
連邦準備制度理事会 ・・・・・・・・・・・10,114
連邦準備法 ・・・・・・・・・・・・・・・・・・・ 10
労働形態別人口 ・・・・・・・・・・・・・・・・ 73
労働参加率 ・・・・・・・・・・・・・・・・・61,66
労働市場のスラック ・・・・・・・・・・・・・ 71
労働省労働統計局 ・・・・・・・・・・・・・・・ 80
労働力人口 ・・・・・・・・・・・・・・・・・・・ 65
ロールオーバー ・・・・・・・・・・・・・・・・ 53

アルファベット

ABS · 48	FRBプット · 116
AITルール · · · · · · · · · · · · · · · · · · · 111	FRB利上げ · · · · · · · · · · · · · · · · · · · 177
anecdotal information · · · · · · · · · · 91	FRB/USモデル · · · · · · · · · · · · · · · · 94
BEA · 80	FRNs · 35
BLS · 80	FRS · 10
Bluebook · · · · · · · · · · · · · · · · · · · 108	Full Report · · · · · · · · · · · · · · · · · · · 93
Bottleneck Inflation · · · · · · · · · · · · 134	GDPナウ · 80
CDO · 48	Greedflation · · · · · · · · · · · · · · · · · · 59
CDS · 48	Greenbook · · · · · · · · · · · · · · · · · · · 108
CE · 53	GSE債 · 15
CMBS · 48	IOER · 161
CME · 78	IORB · 161
COFER · · · · · · · · · · · · · · · · · 148,150	IORR · 161
CPI · 58	lower · 32
CPIナウ · 84	LSAP · · · · · · · · · · · · · · · · · 14,40,76
CRA · 169	maintain · 32
cut · 32	MBS · 15
DOGE · 171	MEP · 46
EDO · 94	Minutes · 96
FDIC · 141	National Summary · · · · · · · · · · · · · · 93
FED · 13,164	NY連銀 · · · · · · · · · · · · · · · · · 29,83,86
FEDウォッチ · · · · · · · · · · · · · · · · · · · 78	OMO · 15,28
FF市場 · 28	PB · 29
FFレート · · · · · · · · · · · · · 16,28,103	PCEインフレ · · · · · · · · · · · · · · · · · · 102
FOMC · · · · · · · · · · · · · · · · · · · 10,12	PCEコアデフレーター · · · · · · · · · · · · · · 42
FOMC議事要旨 · · · · · · · · · · · · · · · · 96	PCEデフレーター · · · · · · · · · · · · · · · · 57
FOMC声明文 · · · · · · · · · · · · · · · 30,98	PCEナウ · 84
FOMC Statement · · · · · · · · · · · · · · 98	PPT · 85
FRB · · · · · · · · · · · · · 10,14,114,164	QE · 15,28
FRB改革 · 179	QE1 · 17
	QE2 · 43

QE3 ·································· 50

QE-Lite ···························· 42

QT·························· 35,115,140

raise ······························· 31

RMBS ····························· 48

S&P 500 ························· 13

SEP ······························ 101

SOMA ···························· 34

Staff Nowcast ···················· 83

SVB ······························ 141

Tノート ···························· 35

Tビル ······························ 35

Tボンズ ··························· 35

T-Bills ···························· 35

T-Bonds ·························· 35

T-Notes ·························· 35

Tealbook·························· 108

TIPS債·························· 35

Wage push inflation ·············· 173

著者紹介

脇田 栄一（わきた えいいち）

1973年生、福岡県出身。

専門分野：金融市場・金融政策。特に米国FEDの政策に強い。

2011年、マクロ情勢について独自の分析と情報発信を行う金融シンクタンク、eリサーチ＆コンサルティング（博多区内）を設立。

資産運用ビギナーや金融機関の運用部門にもサービスを提供し、レポートストラテジストとしての役割を果たす。

現在は金融コンサルとして、情報レポートの発行や輸入企業の為替予約助言に従事。各種セミナーの講師等を務める。

著書には『図解入門ビジネス 最新為替の基本とカラクリがよ～くわかる本 [第2版]』、『図解入門ビジネス 最新為替の基本とカラクリがよ～くわかる本』（以上、秀和システム）、『4アングル投資法』（あっぷる出版社）などがある。

●個人ブログ「ニューノーマルの理（ことわり）」

図解入門ビジネス
最新 FRBとマーケットの関係が よくわかる本

発行日	2025年 4月21日　　第1版第1刷

著　者　脇田　栄一

発行者　斉藤　和邦
発行所　株式会社 秀和システム
　　　　〒135-0016
　　　　東京都江東区東陽2-4-2　新宮ビル2F
　　　　Tel 03-6264-3105（販売）Fax 03-6264-3094
印刷所　三松堂印刷株式会社　　　Printed in Japan

ISBN978-4-7980-7362-0 C0033

定価はカバーに表示してあります。
乱丁本・落丁本はお取りかえいたします。
本書に関するご質問については、ご質問の内容と住所、氏名、電話番号を明記のうえ、当社編集部宛FAXまたは書面にてお送りください。お電話によるご質問は受け付けておりませんのであらかじめご了承ください。